Günter Resch

Traumberuf Immobilienmakler

Günter Resch

Traumberuf Immobilienmakler

Wie Sie erfolgreich und mit Spaß als Immobilienmakler tätig sind

interna
Ihr persönlicher Experte

interna

Dieses Buch wird digital produziert.
Die laufende Einarbeitung von Änderungen und
Ergänzungen garantiert stets optimale Aktualität. Zusatzservice für alle Leser:
kostenloser Newsletter zum Buchthema plus regelmäßige Redaktionssprechstunde.

Günter Resch
Traumberuf Immobilienmakler
ISBN 3-978-945778-21-0

Umschlaggestaltung: workstation, Niederkassel
Satz: workstation, Niederkassel
Lektorat: interna, Bonn

Verlag interna GmbH
Handelsregister Bonn HRB 15534
Geschäftsführer: Jörg Mielczarek
Auguststr. 1, 53229 Bonn
Tel.: 0228/85 44 98-0, Fax: 0228/85 44 98-20
www.verlag-interna.de
mail@verlag-interna.de

Printed in Germany

Inhaltsverzeichnis

Vorwort

Gibt man im Internet den Suchbegriff „Immobilienmakler werden“ ein, landet man auf der Webseite eines großen Immobilienportals. Laut Aussage wird einem Interessierten alles gezeigt, was man zu diesem Thema wissen sollte. Weiter erhält der Leser die Information, dass der Bereich sehr vielseitig sei. Daher sollte man sich die Zeit nehmen, alles aufmerksam durchzugehen. Immerhin erscheint ein Hinweis, dass die Menschen durch Fernsehsendungen einen falschen oder verzerrten Eindruck vom Beruf des Immobilienmaklers haben könnten.

Dies kann ich voll und ganz bestätigen.

Eine bekannte Fernsehserie, die „Immobilienmakler“ bei Gesprächen mit „Kunden“ begleitet, soll dem aufgeklärten Fernsehpublikum einen Eindruck von unserem Beruf verschaffen.

Hat das, was da gezeigt wird, wirklich etwas mit dem Beruf des Immobilienmaklers zu tun? Nein. Das gezeigte Verhalten der „Kollegen“ in den Szenen ist so schlecht und unprofessionell, dass Sie bei Nachahmung nicht lange wirtschaftlich erfolgreich arbeiten werden. Gezeigt werden nur „Besichtigungen“, welche unprofessionell vorbereitet und keiner näheren Erklärung wert sind. Sieht man denn hier Kollegen bei der Basis-Arbeit? Sieht man Makler, die eine kostenlose Informationsveranstaltung für potentielle Verkäufer durchführen? Sieht man Makler, die Flyer verteilen oder die einen Info-Stand im örtlichen Supermarkt durchführen? Und das Wichtigste: Sieht man Makler, die oft stundenlang ihre Wiedervorlageliste abklappern und mit potentiellen Verkäufern telefonieren? Warum nicht? Weil das langweilig ist und niemand interessiert?

Na, ob das langweilig ist kommt darauf an wie man es sieht. Wenn man gern mit Leuten spricht, nette Gespräche am Telefon führt, ist das ganz und gar nicht langweilig. Außerdem bleibt man so mit potentiellen Auftraggebern in Kontakt. Wichtig ist aber die Erkenntnis, dass - wie so oft oder fast immer -
eine Fernsehsendung mit der Realität nichts zu tun hat.

Aber wie bekommt man einen echten Eindruck vom „TRAUMBERUF IMMOBILIEN-MAKLER"? Natürlich direkt an der Front.

Schauen Sie sich um, welche/r Makler/in erfolgreich seit Jahren in diesem Beruf tätig ist. Fragen Sie sie/ihn, ob Sie für einen Tag stiller Begleiter sein dürfen. Nur in der Praxis erhalten Sie einen echten und unverfälschten Eindruck. Wie sagte eine junge Praktikantin: „Ich dachte, ein Immobilienmakler führt den ganzen Tag pausenlos Besichtigungen durch. Dass diese nur einen ganz kleinen Teil der Arbeitszeit ausmachen und das Wichtigste die Basis- und Akquisearbeit ist, war mir nicht klar".

Mit meinem Buch soll ein Eindruck darüber verschafft werden, was einem Immobilienmakler dazu verhilft, eine gute Dienstleistung zu erbringen. Eine, die der Markt braucht, damit sich nachhaltiger Erfolg einstellt.

Aber sehen Sie dieses Buch bitte nicht als Roman!

Wenn Sie etwas lesen, was Ihnen hilft und was Sie umsetzen wollen, schreiten Sie zur Tat und notieren Sie Ihre Gedanken.

Von Dieter Bohlen ist bekannt, dass er als Musiker und Komponist in seiner Villa in Hamburg-Tötensen ein Tonstudio hat. Wenn ihm mitten in der Nacht eine Melodie, ein Text oder sonst irgendwas Brauchbares einfällt, steht er SOFORT auf, geht in sein Tonstudio und spielt die Melodie ein bzw. schreibt den Text nieder.

Gewöhnen Sie sich an, von den Besten zu lernen!

Bohlen ist Multimillionär. Er kann natürlich auch sagen: „Ach nein. Ich hatte zwar gerade eine gute Idee, aber es ist jetzt drei Uhr morgens. Die Idee wird auch noch um neun Uhr präsent sein". Weil Bohlen seine Geistesblitze aber so konsequent sofort niederschreibt, kann sich die Welt an seinen vielen Kompositionen erfreuen.

Machen Sie es wie „uns Dieter". Legen Sie sich zwei Zettel und einen Stift zur Hand: auf den ersten Zettel schreiben Sie „Ideen". Hierauf vermerken Sie Dinge, welche aus Ihrer Sicht Wert sind, umgesetzt zu werden, bei denen Sie sich aber noch nicht sicher sind, wie sie sich umsetzen lassen. Diese Ideen arbeiten Sie sodann aus. Auf dem zweiten Zettel schreiben Sie „Handlungen". Hier vermerken Sie Dinge, die Sie sofort umsetzen wollen.

Hierzu ein ganz wichtiger Rat: Wenn Sie dieses Buch durcharbeiten und zwei Listen mit jeweils drei Seiten „to do´s" schreiben, besteht die Gefahr, dass Sie sich übernehmen. Besser ist es, wenn Sie zwei oder drei Details herausarbeiten, die Sie sofort umsetzen. Denn nur dann haben Sie einen Nutzen.

Genau so sollten Sie sich dieses Buch nicht nur einmal durchlesen und es dann ins Bücherregal stellen. Arbeiten Sie es in regelmäßigen Abständen durch. Sie werden merken, dass Ihnen beim zweiten oder dritten Lesen Details auffallen, die Sie beim ersten Mal völlig außer Acht gelassen haben.

Ich wünsche Ihnen viel Spaß beim Lesen und noch mehr Erfolg bei der Umsetzung.

Ihr Günter Resch

1. Die Basis

Sind Sie Immobilienmakler/in? Gratulation! Wollen Sie Immobilienmakler/in werden? Schön. Aber was hat Sie dazu veranlasst, diesen Beruf zu ergreifen bzw. ergreifen zu wollen? Was waren die Gründe? Möchten Sie viel Geld verdienen oder ein schnelles Auto fahren? Erhoffen Sie sich viel Ansehen in diesem Beruf und den damit verbundenen Status?

Vor einigen Jahren lag ich nachmittags krank zu Hause auf der Couch und zappte durch die Programme. Ich blieb bei einer Talksendung hängen. Ein Moderator befragte drei Jugendliche, was sie später für einen Beruf ausüben wollen.

Der erste, der gefragt wurde, antwortete: „Ich möchte Eventmanager werden". „Ein schöner Beruf", antwortete der Leiter der Sendung „aber was hat Dich dazu veranlasst, diesen Beruf zu wählen?" wollte der Moderator wissen. „Ich organisiere schon seit einigen Jahren sowohl in der Schule als auch bei uns im Verein Veranstaltungen jeder Art und das macht mir großen Spaß", war die Reaktion. Der zweite der Runde wurde ebenfalls nach seinem Berufswunsch befragt. „Ich werde Kampfpilot bei der Bundeswehr. Ich möchte meinem Land dienen und außerdem faszinieren mich Flugzeuge". „Gut", entgegnete der Sprecher. „Jetzt Du, was willst Du werden"? wollte er vom Dritten im Bunde wissen. Dieser Jugendliche war ein etwa 17jähriger Junge mit Rapperhose, übergroßem T-Shirt und Baseball-Kappe auf dem Kopf. Ich musste schon während der Befragung der anderen Teilnehmer diesen letzten Kandidaten permanent beobachten. Er passte von der optischen Erscheinung so gar nicht in die Runde hinein. Auch schien er sehr unruhig zu sein, weil er ununterbrochen mit seinem linken Bein wackelte. Ich war gespannt auf seine Antwort.

Durch sein Äußeres, das von einem Ohrring mit Loch, einem Flash-Tunnel, für mich negativ beeinflusst wurde war ich sicher, dass er sich in Richtung Musik oder Ähnlichem äußert. „Ich möchte Immobilienmakler werden". Holla, dachte ich. Das ist ja interessant. Ich hätte dem jungen Mann nicht zugetraut, dass er sich für unseren Beruf interessiert. „Aha" entgegnete der erstaunte Talkmaster. „Kannst du mir sagen, was du am Beruf des Immobilienmaklers so gut findest und warum du gerade das machen möchtest?" „Naja, so genau weiß ich das auch nicht", erwiderte der Jugendliche, „aber ich kenne einen, der ist Immobilienmakler, und der fährt einen Porsche und trägt eine Goldkette, und das ist geil." Bei dieser Aussage war ich platt!

Wenn Sie sich als Immobilienmakler ausschließlich wegen des Geldes selbstständig machen, wird nie der Mensch, also Ihr Kunde für Sie im Vordergrund stehen.

Üben Sie diesen Beruf aus, um angesehen zu sein, werden Sie sich für die Wünsche und Bedürfnisse der Leute, die zu Ihnen kommen, nicht interessieren. Sind es materielle Dinge, also z. B. der Wunsch, ein schönes Auto zu fahren, die Sie dazu veranlassen, dieser Arbeit nachzugehen, so gebe ich Ihnen folgenden Rat: Suchen Sie sich einen neuen Beruf!

Überrascht Sie diese Aussage?

Was ist ein/e Immobilienmakler/in?

Ganz einfach: Ein/e Immobilienmakler/in ist ein/e hoch bezahlter, qualifizierter Dienstleister/in. Sie/Er ist dort zur Stelle, wo Angebot und Nachfrage nicht leicht zueinander finden.

Aber was ist Ihr Job als Immobilienmakler/in?

Stellen Sie sich ein älteres Ehepaar vor. Die Leute haben Jahrzehnte lang Ihr Haus bewohnt. Sie haben in dem Haus ihre Kinder groß gezogen, Geburtstage und Weihnachten gefeiert, hier hat sich Freud, Leid - also Leben - ereignet. Nun sind die Bewohner alt und die Bewirtschaftung der Immobilie nicht mehr möglich. Die Kinder wohnen in einer anderen Stadt. Der Wunsch der Leute ist es, zu den Kindern zu ziehen und sich in deren Nähe eine Wohnung zu kaufen. Ihr Job als Makler ist es, die Immobilie der Leute zum bestmöglich am Markt erlösbaren Preis zu verkaufen. Punkt.

Stellen Sie sich auf der anderen Seite eine junge Familie vor, die in Ihre Stadt kommt, weil der Mann hier Arbeit gefunden hat. Jetzt gilt es, eine geeignete Wohnmöglichkeit für die Familie zu finden. Ihr Job ist es, die passende Immobilie zu beschaffen.

Ach so: Sie kennen die Bilder aus dem Fernsehen. Dort fahren Makler mindestens einen neuen BMW. Es wird nur elitäre Kundschaft bedient zwischen Kaffe trinken und Mittagessen. Warum wollen Sie die Leute nicht gleich zu den Besichtigungen mit dem Helikopter fliegen? Gut: Wenn Sie Matthias Kühn heißen und auf Mallorca arbeiten, Boris Becker Ihr Kunde ist, dann mag das so sein.

Nein. Ihre Aufgabe ist es zu allererst, Ihre Dienstleistung zu erbringen:

- Für Verkäufer den passenden Käufer für deren Immobilie finden,
- für Kaufwillige die passende Immobilie finden.

Das ist der Job des Immobilienmaklers. Darauf sollten Sie sich beschränken. Sie werden nur Freude und Spaß an diesem Beruf haben, wenn die oben genannten Dinge im Vordergrund stehen. Wenn Sie gut sind, fleißig, ausdauernd und diszipliniert arbeiten kommt der Rest von ganz allein. Aber das ist die Basis. Doch Vorsicht: wenn Sie nach ein paar erfolgreichen Abschlüssen der Versuchung verfallen, Ihre ehemals ausschlaggebenden Grundsätze - welche Sie veranlasst haben diesen Beruf zu ergreifen bzw. auszuüben - über Bord zu werfen, werden Sie Schiffbruch erleiden. Behalten Sie diese beiden Grundsätze bei jedem Akquiseversuch, bei jedem Auftrags- und bei jedem Verkaufsgespräch im Auge.

Wissen Sie, dass 70 % der Kommunikation nonverbal passiert? Wenn Sie Dollar-Zeichen in den Augen haben, wird Ihr Kunde das merken und flüchten. Das ist auch gut so. Nur wenn Sie sich ernsthaft für die Bedürfnisse, Probleme und Anliegen Ihres Kunden interessieren, werden Sie den Auftrag erhalten.

Welche Eigenschaften muss man besitzen, um erfolgreich als Immobilienmakler/in zu arbeiten?

- Emotionale Intelligenz
- Kommunikationsfähigkeiten
- Ausdauer
- Disziplin
- Durchsetzungskraft
- Sicheres Auftreten
- Gepflegte Erscheinung

Emotionale Intelligenz:
Können Sie sich auf andere Leute einstellen? Wie gehen Sie mit unvorhergesehenen Entwicklungen in einem Gespräch um? Ist es Ihnen möglich ein Gespräch auch dann weiter zu führen, wenn es emotional schwierig wird? Ja? Oder fühlen Sie sich im Gespräch schnell persönlich angegriffen? Können Sie Persönliches und Beruf trennen?

Wenn Sie Schwierigkeiten damit haben: Arbeiten Sie an Ihren Schwächen und besuchen Sie Seminare und Schulungen zu diesem Thema.

Kommunikationsfähigkeiten:
Fällt es Ihnen leicht eine Unterhaltung zu führen? Wirken Sie auf andere Leute sympathisch? Sind Sie sicher im Gespräch? Trauen Sie sich zu, vor Leuten frei, also ohne Konzept, zu reden?

Trainieren Sie diese Eigenschaft. Es gibt gute Seminare und Video-Trainings (und auch viele Bücher) zu diesem Thema. Doch Sie müssen diese immer nur als Anleitung sehen. Vermeiden Sie es, das Gelernte 1 : 1 zu übernehmen. Denn Sie wirken nicht echt, wenn Sie Dinge auswendig lernen und herunterleiern. Es sieht aufgesetzt aus und ist nicht authentisch. Glauben Sie, dass Sie so Vertrauen aufbauen können?

Ausdauer:
Sie erhalten den Auftrag zum Verkauf einer schönen Villa. Die erste Besichtigung steht an. Der Interessent ist begeistert und kauft. Gratulation! Aber das wird nicht Ihr Alltag sein.

Haben Sie ein Wiedervorlagesystem? Kennen Sie das überhaupt? Nehmen wir an, Sie sprechen mit einem potentiellen Verkäufer. Leute, die seit Jahrzehnten in einem Haus wohnen, wollen sich im Alter verändern und das Haus gegen eine Stadtwohnung tauschen. Es fällt den Eigentümern schon schwer nur darüber nachzudenken, geschweige denn darüber zu sprechen. In einem solchen Fall haben die Eigentümer ihr Haus erst nach fünf Jahren verkauft und sind in eine kleine Eigentumswohnung gezogen.

Haben Sie die Ausdauer, über einen solchen Zeitraum mit den Besitzern in Kontakt zu bleiben? Sich alle drei Monate, fünf Jahre lang, telefonisch zu melden und sich über den aktuellen Stand zu erkundigen? Nein? Dann brauchen Sie sich nicht wundern, wenn ein ausdauernder Kollege den Abschluss macht.

Ihr Job ist es nicht das schnelle Geschäft zu machen. Wenn der Besitzer der Immobilie fünf Jahre braucht um seine Verkaufsentscheidung zu treffen, dann muss man das akzeptieren. Ihre Aufgabe ist es, ihm während dieser Orientierungs- und Entscheidungsphase beratend zur Seite zu stehen.

Halten Sie Kontakt. Der Verkaufserfolg wird Ihre Hartnäckigkeit belohnen.

Disziplin:
Ich kenne einen Makler, der wirklich gut ist. Er beherrscht alle angesprochenen Punkte exzellent. Er kommuniziert gut, hat eine hohe emotionale Intelligenz, ist ausdauernd und hat ein gutes Auftreten sowie gepflegte Umgangsformen.

Aber der Mann trinkt sich an zwei bis drei Tagen im Monat so weg, dass er alles vergisst: Freund, Feind, Kunde, Büro, Termin.

Eine Zeit lang mag das funktionieren, aber auf die Dauer wird man damit keinen Erfolg haben. Natürlich darf und kann man auch einmal etwas trinken gehen und feiern. Gerade in diesen Situationen lassen sich hervorragend neue Kontakte knüpfen und Aufträge akquirieren. Aber wenn Sie für Montag morgens um 8:00 Uhr einen Termin im Kalender notiert haben, müssen Sie pünktlich, motiviert und ausgeschlafen anwesend zu sein. Ohne Disziplin kein dauerhafter Erfolg.

Durchsetzungskraft:
Sie bieten eine Immobilie an. Nach mehreren Wochen intensiven Arbeitens haben Sie den passenden Käufer gefunden. Sie haben sich viel Zeit genommen für die Interessenten. Zunächst hat man die Vorstellungen und Möglichkeiten in einem Analysegespräch abgeklärt. Nachdem die Finanzierung stand und die passende Immobilie ausgewählt war, hat man das Haus besichtigt. Die Leute waren begeistert. Die positive Kaufentscheidung war die logische Konsequenz.

Selbstverständlich haben Sie auch nach weiteren Interessenten, die als Käufer für dieses Haus in Frage kommen könnten, Ausschau gehalten. Nun wurde mit den potentiellen Käufern ein Termin beim Notar zur Unterzeichnung des Kaufvertrages festgelegt. Einen Tag vor dem Beurkundungstermin meldet sich Ihr Käufer bei Ihnen: „Herr Makler, wir müssen den Termin morgen beim Notar verschieben. Wir wollen noch verschiedene Banken bezüglich der Finanzierung befragen.“ Was entgegnen Sie? „Selbstverständlich, Herr Kunde. Schauen Sie sich ruhig nach vielen anderen Finanzierungsmöglichkeiten um und wenn Sie zu einem Ergebnis gekommen sind, melden Sie sich bei mir. Ich reserviere Ihnen einstweilen das Haus.“

Zwei Dinge dazu:
Hat Sie der Verkäufer der Immobilie dazu beauftragt, dass Sie sein Haus für einen Interessenten (möglicherweise wochenlang) reservieren?

Kam der mögliche Käufer zu Ihnen, weil er eine Immobilie kaufen wollte oder nicht?

Ihre Antwort auf die Nachricht des Kunden kann nur sein: „Herr Kunde, wir haben in unserem Analysegespräch genau herausgearbeitet, was für eine Immobilie Sie kaufen wollen. Wir haben festgelegt, wo und wie das Haus sein soll, die finanziellen Möglichkeiten geklärt und auch bei der Besichtigung waren Sie begeistert. Ich als ihr Makler darf Ihnen sagen, dass das Ihr Haus ist. Nehmen Sie den Termin morgen beim Notar wahr. Wir vereinbaren ein entsprechendes Zahlungsziel mit dem Verkäufer. So haben Sie in Ruhe Zeit, sich nach einer passenden Finanzierung umzusehen. Aber sollten Sie den Termin zur Unterzeichnung morgen nicht in Anspruch nehmen, kann und darf ich Ihnen das Haus nicht reservieren. Es tut mir leid, Ihnen sagen zu müssen, dass wir natürlich mit mehreren Interessenten bezüglich dieser Immobilie gesprochen haben und verhandeln. Natürlich steht es Ihnen frei, morgen zum Notar zu kommen oder nicht. Aber bitte machen Sie mir keinen Vorwurf, wenn die Immobilie bei einem Rückzieher Ihrerseits anderweitig verkauft wird."

Eine weitere Situation: Mit wie vielen Maklern wird sich ein Immobilienbesitzer in Verbindung setzen, wenn er sein Haus bewerten und verkaufen möchte? Seien Sie nicht zu passiv, wenn es darum geht, einen Verkaufsauftrag zu erhalten. Nehmen Sie aktiv teil am Entscheidungsprozess des Kunden, in dem Sie ihn bspw. telefonisch mit wichtigen Informationen versorgen: „Lieber Besitzer, in der Nähe des Standortes Ihres Objektes siedelt sich eine große Software-Firma neu an. Haben Sie schon davon gehört?"

Was macht diese Vorgehensweise für einen Sinn? Ganz einfach: Wenn Sie so mit dem möglichen Verkäufer in Kontakt bleiben, wird er das positiv aufnehmen und honorieren. Sie werden nie alle Aufträge erhalten, so viel ist klar. Aber durch Aktivität steigern Sie die Chance, den ein- oder anderen Auftrag zusätzlich an Land zu ziehen. Darum geht es.

Sicheres Auftreten:
Können Sie sich gepflegt ausdrücken ohne geschwollen zu wirken? Sprechen Sie deutlich oder neigen Sie dazu, im Gespräch zu nuscheln und Worte zu verschlucken? Sind Sie sicher in Mimik und Gestik? Haben Sie schon einmal davon gehört, dass die Körpersprache, also die non verbale Sprache entscheidender ist als das gesprochene Wort?

Ein guter Makler muss ein Meister der verbalen und nonverbalen Kommunikation sein. Es ist weiterhin von elementarer Wichtigkeit ein dialektfreies, gepflegtes Deutsch zu sprechen. Sehen Sie sich die Meister der Körpersprache an. Der amerikanische Expräsident Obama ist ein Großmeister dieser Kunst. Beobachten Sie, wie er seine Hände beim Sprechen einsetzt. Er versteht es geschickt, Pausen im Gespräch einzubauen, um so dem Gesprochenen Nachdruck zu verleihen.

Ein wesentlicher Teil Ihres Auftretens und Ihrer Persönlichkeit ist auch Ihre Stimme. Von dem Trainer Nikolaus Enkelmann stammt folgender Ausspruch: „Wer seine Stimme verändert, verändert seine Persönlichkeit."

Wenn Sie als Mann eine hohe Stimme haben, wird Sie das bei Ihren Gesprächen beeinträchtigen und behindern. Trainieren Sie Ihre Stimme! Überprüfen Sie sich selbst hinsichtlich Mimik, Gestik, Stimme und Sprache. Bitten Sie Freunde, Bekannte und Familienmitglieder Sie ehrlich zu bewerten. Wo haben Sie Defizite? Woran müssen Sie arbeiten und sich verbessern? Sodann machen Sie sich ein Konzept und verbessern Sie Ihre Fähigkeiten. Lesen Sie Bücher zu diesem Thema. Suchen Sie sich Trainer dazu. Gutes Auftreten mit all diesen angesprochenen Details ist notwendig, um die Gesprächsführung im Kundengespräch zu haben und Leute überzeugen zu können. Nur wenn Ihnen Letzteres gelingt, kommen Sie zum Abschluss.

Gepflegte Erscheinung:
Sie Sie Raucher? Hören Sie sofort damit auf! Sind Sie übergewichtig? Achten Sie ab sofort auf Ihre Ernährung! Treiben Sie Sport? Wenn nicht, fangen Sie sofort damit an!

Stellen Sie sich vor, Sie haben einen Termin mit einem potentiellen Auftraggeber, welcher Nichtraucher ist. Sie gönnen sich vor Ihrem Termin noch schnell eine Zigarette. Verlassen Sie sich darauf, Ihr Gegenüber wird den Rauch riechen. Das wird nicht dazu beitragen, Ihnen Sympathie entgegenzubringen. Es ist nun einmal so, dass sich ein Mensch beim Kennenlernen in den ersten drei Sekunden eine Meinung von seinem Gegenüber macht.

Und wenn Sie es nicht schaffen, Sympathie beim Kunden zu erzeugen, werden Sie den Auftrag nicht bekommen.

Warum also nicht durch eine gepflegte Erscheinung von Anfang an Sympathiepunkte sammeln? Und dazu gehört auch die passende Kleidung. Für Herren ist ein Anzug ein Muss, für Damen ein Hosenanzug oder ein Kostüm.

Sie werden von Ihrem Auftraggeber als Gesamtpaket betrachtet. Er entscheidet in drei Sekunden, ob er Sie als kompetent einstuft oder nicht. Und wenn Ihnen jemand einen Teil seines Vermögens im sechs- oder siebenstelligen Bereich anvertrauen möchte, sollten Sie so aussehen, als würden Sie angemessen damit umgehen. Ihre Kleidung soll Sie so aussehen lassen, als seien Sie auch wirklich kompetent und genau darum geht es. Denn es ist viel leichter, gleich vom Erstkontakt weg kompetent zu wirken, als sich die Kompetenz erst mühsam im Gesprächsverlauf erarbeiten zu müssen.

Was glauben Sie: Was ist das optimale Verhältnis von Fachwissen zu Persönlichkeit bei der Auftragsakquise? Es sind 20 % Fachwissen und 80 % Persönlichkeit.

Ob ich damit sagen will, dass man als Makler überhaupt keine Ausbildung braucht? Nein, natürlich nicht. Aber ich möchte aufzeigen, dass die Persönlichkeit, also das Auftreten, bei der Beurteilung des Maklers immer das Fachwissen um Längen schlagen wird. Das muss Ihnen bewusst sein. Wenn Sie erkennen, wie wichtig dieser Punkt ist, werden Sie von selbst merken, in welchem Teilbereich Sie sich verbessern müssen.

2. Wie komme ich an Aufträge?

Es ist schön, im Büro zu sitzen und sich vor Menschen, die Sie mit dem Verkauf ihrer Immobilie betrauen möchten, kaum retten zu können. Möglich sind solche Situationen. In der Regel wird man sich jeden Auftrag hart erarbeiten müssen. Hierzu bedarf es eines Plans, Sie benötigen ein Konzept, aus dem hervorgeht, wie Sie an Aufträge kommen wollen. Ihr Ziel muss es sein, in Ihrem Wirkungskreis maximale Bekanntheit zu erlangen. Wie erreichen Sie das?

- gut sichtbare Geschäftsräumlichkeiten
- regelmäßige Mailingakquise
- Flyeraktionen
- Telefonmarketing
- Chiffreakquise
- Informationsstand im örtlichen Supermarkt
- Veranstaltungen
- weitere Möglichkeiten

Gut sichtbare Geschäftsräumlichkeiten

Es ist wichtig, dass Ihr potentieller Kunde aufmerksam wird auf Sie. Es bringt Ihnen nichts, wenn Sie im vierten Stock eines Hochhauses Ihr Büro eröffnen. Besser ist es ein Ladenbüro im Erdgeschoss an gut einsehbarer Stelle zu haben. Selbstverständlich ist es gerade in der Startphase wichtig, die Kosten im Blick zu haben. Sie müssen sich auch nicht gleich in einer 1- A-Lage Ihrer Stadt die modernsten Geschäftsräume mieten. Oft sind 1-B- Lagen für Ihre Zwecke idealer. Möglicherweise kann der Kunde so direkt vor Ihre Räumlichkeiten fahren und davor parken. Wichtig ist, dass Ihre Geschäftsräumlichkeiten Außenwirkung haben.

Regelmäßige Mailingakquise

Ein personalisiertes Mail ist eines der besten und wirksamsten Mittel für die Auftragsakquise. Aber es muss professionell geschrieben sein. Wenn Sie sich selbst nicht zutrauen, einen solchen Werbebrief zu verfassen, so bedienen Sie sich eines professionellen Texters. Die Dienstleistung kann man einkaufen und es ist besser, hierfür Geld zu investieren, als ein schlechtes Ergebnis zu riskieren. Planen Sie 500 bis 1.000 Euro für die Dienstleistung ein.

Wenn es Ihre Zeit erlaubt, so verteilen Sie die Briefe selbst. So können Sie gleich mit den Eigentümern ins Gespräch kommen. Kontakte sind alles. Oder sprechen Sie mit dem Nachbarsjungen. Der hat bestimmt ein paar Freunde, die sich auch ihr Taschengeld aufbessern wollen. Und schon läuft das Mailing.

Flyeraktionen

Sprechen Sie mit dem Filialleiter Ihres Supermarktes in der Nachbarschaft, dem Reisebüro, der Tankstelle, dem Zeitschriftenladen usw. Stellen Sie dort Flyerständer mit Exposés Ihrer Immobilien auf. Auch zur Auftragsbeschaffung sind Flyer eine gute Möglichkeit.

Telefonmarketing

Um es vorweg zu sagen: Sie befinden sich damit in einer rechtlichen Grauzone. Diese Art der Akquise ist gleichzeitig auch die wohl anstrengendste Art der Objektbeschaffung. Es ist aber auch ein wirksames Mittel, sich und seine Dienstleistung bekannt zu machen.

Reagieren Sie auch auf private Verkaufsinserate in Printmedien und in Immobilienportalen im Internet. Natürlich müssen Sie davon ausgehen, dass Sie nicht der einzige Makler sind, der sich beim Verkaufswilligen meldet.

Wie schaffen Sie es, dass folgendes nicht passiert:

„Guten Tag. Meier von XY Immobilien hier. Ich habe Ihr Inserat gelesen".

Verkäufer: „Sie sind Makler. Ich will mein Haus privat verkaufen" – patsch, das Gespräch ist zu Ende.

Gehen Sie wie folgt vor (Mustertelefonat):

Makler:	„Guten Tag, mein Name ist Meier (nur Ihren Namen sagen, nicht „Immobilien“ und nicht den Firmennamen). Steht ihr Haus noch zum Verkauf?“.
Kunde:	„Ja.“
Makler:	„Mein Name ist Jens Meier von XY Immobilien. Darf ich mir Ihr Haus ansehen?“
Kunde:	„Haben Sie nicht gelesen, dass ich privat verkaufen und keinen Makler will?“
Makler:	„Natürlich. Aber würden Sie ihr Haus nicht an einen meiner Interessenten verkaufen?“
Kunde:	„Warum nicht? Bringen Sie Ihren Interessenten einfach her.“
Makler:	„Ich kenne ihr Haus nicht. Wie soll ich es dann einem meiner Käufer empfehlen?“
Kunde:	„Wenn Sie kommen, wollen sie doch nur den Auftrag. Aber ich arbeite nicht mit Maklern.“
Makler:	„Bevor ich weiß, wem ich Ihr Haus empfehlen kann, muss ich es sehen, weil ich nur dann weiß, wer dafür in Frage kommt. Wollen Sie, dass ich Ihnen Leute bringe, die zwar Ihr Haus sehen, aber nicht kaufen wollen?“
Kunde:	„Aber warum meldet sich der Interessent nicht direkt bei mir? Er muss doch mein Inserat lesen?“
Makler:	„Warum werden wir von unseren Interessenten beauftragt, die passende Immobilie zu finden? Viele Leute haben zwar das Geld, sich ein Haus zu kaufen, aber nicht die Zeit, jedes Wochenende die Immobilienanzeigen durchzugehen und sich viele Häuser anzusehen. Ob ich also dem Einzelnen Ihr Haus anbieten kann, lässt sich nicht anhand einer Anzeige entscheiden. Wann kann ich mir Ihr Haus ansehen?“
Kunde:	„Ich weiß es noch nicht. Es stehen sehr viele Besichtigungen an, weil sich eine Menge Leute auf die Anzeige gemeldet haben.“

Makler: „Das ist mir völlig klar. Es gibt sicher viele Neugierige, die sich in ihrer Freizeit anderer Leute Häuser ansehen. Aber die gehen doch nicht zum Makler."

Kunde: „Wie meinen Sie das?

Makler: „Jeder unserer Interessenten wurde von uns geprüft. Wir wissen, was der Kunde kaufen will und vor allem auch, was er kaufen kann. Können sie sich nicht vorstellen, Ihr Haus an unsere geprüften Interessenten zu verkaufen?

Kunde: „Gut. Kommen Sie vorbei und schauen sie sich das Haus an. Aber ich warne Sie: bei mir gibt es keinen Auftrag und keine Provision."

In dieser Phase muss es Ihr einziges Ziel sein, einen persönlichen Besuchstermin gewährt zu bekommen. Nur dann haben Sie die Chance, sich Ihr Unternehmen und Ihre Dienstleistung vorzustellen. Natürlich haben auch folgende Punkte an dieser Stelle nichts zu suchen:

- Alleinauftrag
- Verkäuferprovision
- vermarktungsfähiger Preis

Wenn Sie sich in dieser Phase des Gesprächs auf einen oder alle Punkte dieser Aufzählung einlassen, haben Sie verloren. Besser ist es, Geduld zu haben. Bauen Sie zunächst Vertrauen auf und geben Sie sich und dem Veräußerer die hierfür nötige Zeit. Wem würden Sie den Verkauf Ihrer Immobilie anvertrauen: Dem Makler, der nach einer Besichtigung auf die Schnelle einen Auftrag wollte, um sein Geld zu verdienen oder dem, der sich regelmäßig telefonisch in Erinnerung bringt, hilfreiche Tipps gibt und sich so als Experte ausweist? Einem Experten glaubt man. Mit einem Experten feilscht man nicht um dessen Honorar. Oder würden Sie mit Ihrem Notar um dessen Gebühren verhandeln?

Chiffreakquise

Gerade in Deutschland ist die Scheu, seine Immobilien-Verkaufs-Absichten offen zu legen, riesig. Die Leute genieren sich. Der Nachbar könnte ja denken, man ist abgebrannt und muss verkaufen. Das führt dazu, dass man eine Chiffreanzeige in der örtlichen Tagespresse schaltet, um anonym zu bleiben. Zu Chiffreanzeigen muss man folgendes wissen: Der Verkäufer bereits privat versucht, seine Immobilie im Bekanntenkreis oder bei den Arbeitskollegen zu verkaufen. Weil er hier nicht zum Erfolg kam, will er seinen Interessentenkreis erweitern.

Sie lesen die Anzeige und antworten darauf. Benutzen Sie einen neutralen Briefumschlag für Ihr Schreiben.

Stellen Sie Ihre Strategie auf drei Anschreiben, welche Sie in drei aufeinander folgenden Wochen versenden, ein. Stellen Sie kurz und knapp Ihr Unternehmen vor und fordern Sie eine Reaktion ein: „Würden Sie Ihre Immobilie an einen meiner Kunden verkaufen? Rufen Sie mich an!"

Meldet sich der Verkäufer nicht, schreiben Sie ihn in der zweiten Woche erneut an: „Steht Ihre Immobilie immer noch zum Verkauf? Warum haben Sie mich noch nicht angerufen? Waren Sie schon beim Notar? Wer steht im Zweifelsfall beim Notar auf Ihrer Seite? Rufen Sie mich an."

Erfolgt hierauf immer noch keine Reaktion, schieben Sie ein drittes Schreiben nach: „Wie prüfen Sie, ob die Interessenten, die Ihre Immobilie besichtigen, diese auch bezahlen können? Möchten Sie einen schwachen oder starken Partner beim Verkauf haben? Wie wichtig ist Ihnen beim Verkauf Ihres Hauses ein neutraler Fachmann, der Sie vor Risiken schützt?

Wohlgemerkt: Diese Drei-Stufen-Strategie basiert darauf, dass eine Immobilie einmal per Chiffreanzeige inseriert wird. Üblicherweise senden die Zeitungen dem Inserenten die Anschreiben vier Wochen lang ab Erscheinen der Anzeige per Post zu. Ihre Chance, dass Sie der Verkäufer anruft, ist bei dieser Methode um ein Vielfaches höher, als wenn Sie lediglich einen Brief verfassen und versenden. Schließlich will der Verkäufer privat verkaufen. Die Wahrscheinlichkeit, dass Ihr erster Brief ignoriert wird, ist sehr hoch. Gelingt der Verkauf in der Folge doch nicht so reibungslos und der Veräußerer will sich doch mit einem Makler darüber unterhalten, ist es von Vorteil, wenn Ihr Brief in dieser Phase der Verkaufsaktivitäten beim Eigentümer eintrifft.

Informationsstand im örtlichen Supermarkt

Es muss nicht unbedingt der Supermarkt sein, es kann sich genau so gut um bspw. eine Tankstelle handeln. Wichtig ist, dass die Stelle, an der Sie sich mit Ihrem Informationsstand platzieren, stark frequentiert ist. Sie können nun sowohl Immobilien, welche Sie zum Verkauf anbieten, als sich auch gezielt als Dienstleister für zukünftige Immobilienverkäufe präsentieren. Ihre Ziele sollten folgende sein:

- mit möglichst vielen Leuten ins Gespräch kommen,
- Ihre Kontaktdaten zu verteilen,
- einen guten Eindruck auf Ihre potentiellen Kunden zu machen.

Sie dürfen bei solchen Aktionen nicht den kurzfristigen Erfolg sehen. Ganz selten wird sich hieraus sofort ein Maklerauftrag ergeben. Aber bei all diesen Marketingaktionen können Sie mit Ergebnissen erst in den nächsten Monaten oder Jahren rechnen.

Veranstaltungen durchführen

Dies ist die Parade-Disziplin. Sie empfiehlt sich für die Kollegen, die schon sattelfest sind. Man nennt das: im Vormarkt tätig sein. Was ist der Vormarkt? Wir sprechen dabei über Immobilien, die in Zukunft zum Verkauf angeboten werden, aber noch nicht auf dem Markt sind.

Ihr Ziel muss es sein, durch Aktionen, Aktivitäten und allem, was Sie mit diesen Immobilieneigentümern in Kontakt bringt, aktiv zu werden. Laden Sie doch zu einer „Wie verkaufe ich meine Immobilie?“-Veranstaltung ein. Sprechen Sie mit einem Notar, ob er etwas zur Kaufvertragsabwicklung erzählt, mit Ihrem Versicherungsvertreter, ob er über Immobilienversicherungen spricht. Schließlich referieren Sie, auf was private Verkäufer beim Immobilienverkauf achten sollen.

Wie organisieren Sie eine solche Veranstaltung? Hier eine Stichpunktliste:

- Neutralen Raum für die Veranstaltung mieten (nicht Ihr Büro verwenden)
- Mit ausreichend Vorlauf, mindestens vier Wochen vorher, einladen
- Anzeigen schalten
- Flyer verteilen
- Teilnehmer müssen sich telefonisch oder schriftlich anmelden und erhalten eine Eintrittskarte (das erhöht die Exklusivität Ihrer Veranstaltung).
- Achten Sie darauf, dass die Veranstaltung wirklich eine Informationsveranstaltung bleibt und nicht zu einer Werbe-Show für Ihr Unternehmen wird.
- Selbstverständlich ist die Veranstaltung für die Besucher kostenlos.

Wie läuft eine solche Veranstaltung ab? Ihr Ziel kann es nicht sein, Ihr Fachwissen preiszugeben. Auch bei einer Veranstaltung dieser Art geht es in erster Linie darum, dass Sie Ihren Bekanntheitsgrad als Makler erhöhen. Ein Erfahrungsbericht: Bei meiner letzten Informationsveranstaltung „Immobilienverkauf – Tipps für Privatverkäufer“ waren ca. 40 Teilnehmer anwesend. Referiert haben ein Versicherungsmakler, ein Notar und ich selbst. Die ganze Aktion hat etwa zwei Stunden gedauert. Ich habe diese in einem gemieteten Raum an neutraler Stelle durchgeführt. Die Kosten für Raummiete, Inserate, Flyer etc. lagen insgesamt bei etwa 800,-- Euro.

Aus der Aktion ergaben sich vier Kontakte. Ein Ehepaar hat mir den Makleralleinauftrag zum Verkauf ihres Hauses erteilt (bei der Auftragsvergabe gab es keinerlei Diskussion zu den Themen Alleinauftrag, Maklerprovision, vermarktungsfähiger Preis, die Leute haben mich nach der Veranstaltung als Experte akzeptiert). Diese Immobilie konnte ich nach nur zehn Wochen erfolgreich verkaufen. Drei Verkäufer stehen noch auf meiner Wiedervorlageliste. Die nächste Veranstaltung für dieses Jahr ist in Planung.

Legen Sie im Veranstaltungsraum Kontaktflyer aus. Stellen Sie ein Werbebanner auf. Stellen Sie sich mit Ihrem Namen und Firmennamen vor. Keine sonstige Selbstbeweihräucherung nach dem Motto: „Wir sind die Besten, die Größten und die Schönsten – an uns kommen Sie nicht vorbei." Damit würden Sie genau das Gegenteil Ihrer Absicht bewirken.

Trauen Sie sich, so eine Veranstaltung zu organisieren und durchzuführen. Es lohnt sich. Sie können gar nichts falsch machen. Sie haben mit Leuten zu tun, die Sie ohnehin nicht kannten und sonst vielleicht nie kennen lernen würden. Was soll also passieren? Sie erhöhen Ihren Bekanntheitsgrad, positionieren sich als Experte und wenn sich nur ein Auftrag hieraus ergibt, haben sich bereits die Mühen gelohnt.

Weitere Möglichkeiten

- In Vereinen aktiv werden (Eintritt in Vereine und/oder dort Vorträge halten – auch hier: Das kostet Sie etwas Zeit und Mühe. Aber der Lohn ist Bekanntheit!)
- in Geschäften oder Tankstellen Karten-Flyer Ihres Unternehmens aufstellen
- in Bäckerei/Metzgerei fragen: „Ich habe gehört, dass drüben in der ....Straße ein Haus verkauft wird. Stimmt das?" Verlassen Sie sich drauf, dass man solche Informationen im Kommunikationsmittelpunkt einer jeden Siedlung, also dem Bäcker und Metzger, sofort hat und gerne weiter gibt. Eine weitere gute Informationsquelle ist der Friseur!
- Stellen Sie diesbezüglich Ihrem Briefträger Fragen
- Steuerberater: eine hervorragende Informationsquelle!
- Notar
- Rechtsanwalt
- Bestatter
- örtlicher Banker (wenn er nicht anderweitig gebunden ist)

Unser Beruf, liebe Kollegen, lebt von der Aktivität. Stellen Sie sich einen Angler vor, der am Fluss sitzt und wartet, oft stundenlang, bis ein Fisch anbeisst. Wäre der Makler Angler, würde er wie folgt vorgehen:

- Welchen Köder verwende ich damit viele Fische anbeißen, wo bekomme ich diesen her?
- Welches sind die besten Angelplätze mit den meisten Fischen?
- Zu welcher Tageszeit sollte ich angeln?
- Sollte ich eher am Rand des Flusses auf Fischfang gehen oder von einem Boot aus?

Erfolg haben Sie nur, wenn Sie die Dinge angehen, sie TUN!

3. Das Erstgespräch

All diese beschriebenen Maßnahmen dienen nur einem Zweck: Kontakte zu verkaufswilligen Immobilienbesitzern zu knüpfen. Nehmen wir an, jemand hat eine Immobilie und will sie verkaufen. Wie geht er im Normalfall vor? Er ruft Sie an und bittet Sie, bei ihm vorbeizukommen um Ihnen einen Makleralleinauftrag zum vermarktungsfähigen Preis zu erteilen?

Das wäre natürlich der Idealfall.

Nehmen wir an, die zu verkaufende Immobilie befindet sich in Deutschland und der Verkäufer wohnt darin. Er will eines nicht: dass seine Verkaufsabsichten publik werden. Also schaltet er zunächst in der örtlichen Presse ein Chiffreinserat ohne genauen Standort, aber mit Preis. Auf dieses Inserat erhält er einen Wäschekorb voll Post. Wie denkt er darüber: „Ich habe viel zu billig angeboten."

Nun zeigt es sich, dass bei den vielen Interessenten der passende Käufer nicht dabei war. Also schaltet er das nächste Inserat in der Zeitung, diesmal mit Telefonnummer. Neben vielen Interessenten melden sich auch einige Makler. Sie rufen den Verkäufer an (Vorsicht: Kaltakquise ist nicht erlaubt) und bitten um einen Termin. Beim Termin klären Sie den Verkäufer auf, dass die 500.000 Euro, die er haben möchte, nicht am Markt zu erzielen sind und er maximal 350.000 Euro erzielen könnte. Zudem würden sie nur im Alleinauftrag bei 3,57 % Verkäufermaklercourtage tätig werden.

Meinen Sie, der Immobilienverkäufer ist dazu bereit?

So machen Sie es richtig:

- Sie nehmen Kontakt auf mit dem Verkaufswilligen
- Versuchen Sie schon im Erstkontakt, den Gesprächspartner reden zu lassen und ihm zuzuhören

- Nur wenn sich schon im Ersttelefonat ein Gespräch auf Augenhöhe ergibt, haben Sie eine Chance auf einen persönlichen Termin. Das ist das Ziel Ihres Telefonats (beachten Sie bei diesem Telefonat, dass Sie – wie Sie bereits erfahren haben – auf keinen Fall die Themen

Verkäufermaklercourtage, Alleinauftrag und vermarktungsfähiger Preis ansprechen).

Nehmen wir Folgendes an: Ein Verkäufer bietet ein Haus in einem mittelmäßigen Stadtteil zu einem akzeptablen Preis an. Sie sprechen ihn darauf an. Wie schaffen Sie es, mit ihm ins Gespräch zu kommen? Sagen Sie: „Lieber Verkäufer. Sie bieten ein Einfamilienhaus, Baujahr 1970 im Stadtteil XY zum Preis von X an. Ich habe in ähnlicher Lage vor ein paar Monaten ein fast gleichwertiges Haus zum einem höheren Preis verkauft. Hat Ihr Haus einen Mangel? Gibt es Schäden, die Sie dazu veranlasst haben, den Preis so anzusetzen?“. Und jetzt Achtung: Der Besitzer wird versuchen Sie davon zu überzeugen, dass sein Haus keine Mängel hat. Er versucht Ihnen das Haus „zu verkaufen“ und Ihnen aufzuzeigen, dass das Haus seinen Preis wert ist. Schon sind Sie mit ihm im Gespräch. Was liegt näher, als mit Ihnen einen persönlichen Termin zu vereinbaren, um Ihnen zu zeigen, dass sein Haus wirklich den Preis wert ist? Im Zweifelsfall verhalten Sie sich gemäß einer alten amerikanischen Verkäufer Weisheit: „If you can´t win the client, confuse him.“ Wenn Sie den Kunden nicht überzeugen können, bringen Sie ihn wenigstens durcheinander.

Ein weiteres Beispiel: Sie telefonieren mit einer Verkäuferin, die ein Grundstück in einem 1-b-Stadtteil für 380 Euro je m^2 anbietet. Sie will keinen Makler beauftragen, warum auch? Auf ihre Anzeige haben sich dreißig Leute gemeldet. Sie wissen aber, dass in ca. 1,5 km Entfernung vor einem Jahr ein Grundstück für 430 Euro je m^2 verkauft wurde. Gut, keine Lage ist zu 100 % vergleichbar. Ein Grundstück ist ruhig (was auch immer ruhig ist – alles Definitionssache) ein anderes wird von Straßenlärm beeinträchtigt. Sie sagen: „Liebe Verkäuferin, warum verkaufen Sie Ihr Grundstück so günstig? Wissen Sie, dass letztes Jahr in der Nähe Ihres Grundstückes ein anderes für 430 Euro je m^2 verkauft wurde?“

Eines garantiere ich Ihnen: die Verkäuferin verkauft nicht mehr zu dem zunächst von ihr anvisierten Preis!

Sie haben also nach Ihrem Telefonat den gewünschten Termin für das Erstgespräch erhalten. Seien Sie sich vorab darüber im Klaren, was beide Seiten wollen:

- Sie: einen Makler-Alleinauftrag zum vermarktungsfähigen Preis bei voller Verkäufermaklercourtage.
- Der Verkäufer: Die kostenfreie Information, wie er seine Immobilie verkaufen kann und vor allem zu welchem Preis.

Wenn Sie also zum Erstgespräch kommen, will man zwar Ihr Wissen, aber nichts dafür bezahlen. Was überwiegt seitens des Verkäufers Ihnen gegenüber? Widerstand. Was brauchen Sie aber, um den Auftrag zu erhalten? Vertrauen. Und wie erhalten Sie Vertrauen? Durch Kompetenz!

Kompetenz vermitteln Sie nicht durch bloßes Gerede. Versuchen Sie stattdessen Fragen zu stellen. Wer Fragen stellt, gibt dem Gegenüber zu verstehen, dass er Anteil an seinem Problem nimmt. Sie wirken nicht gestresst und bringen ausreichend Zeit mit. Sie erwecken in Ihrem Gesprächspartner ganz bewusst den Eindruck, dass das Gespräch für Sie völlig unverbindlich ist.

Wie werden Sie in den Augen des Verkäufers aber nun kompetent wirken?

Stellen Sie Fragen, wie:

- Wie lange wohnen Sie schon in Ihrem Haus?
- Sind Sie der Erstbesitzer?
- Wie ist die Nachbarschaft?
- Wie ist Ihr Eindruck vom Umfeld?
- Wie lange braucht man ins nächste Geschäft?
- Ist der Weg zur Schule oder zum Kindergarten für Kinder zu schaffen?

- Wo liegt die nächste Bushaltestelle?
- Gibt es irgendetwas in der Nachbarschaft, das Lärm macht?
- Können Sie das Haus einem Käufer nachhaltig empfehlen?
- Was zeichnet Ihr Haus ganz besonders aus?

Natürlich müssen Sie in dieser Gesprächsphase auch klären, ob es dem Eigentümer ernst ist mit dem Verkauf.

Es ist ein Unterschied, ob jemand den Markt testet und schaut, ob er sein Haus, das 350.000 Euro wert ist, für 500.000 Euro verkaufen kann, oder ob jemand in sechs Wochen in einer 500 km entfernt liegenden Stadt eine neue Arbeit beginnt, dort schon eine Immobilie gekauft hat und dadurch das jetzige Haus schnell abstoßen muss.

Unterscheiden Sie also im Gesprächsverlauf, ob es Sinn macht, das Gespräch weiter zu führen oder es zu vertagen!

Wie kommen Sie aber nun aus dem Erstgespräch heraus? Bedenken Sie hier auch immer, dass Sie den Auftrag zu einem späteren Zeitpunkt gern erhalten wollen. Sie müssen es also schaffen, in jedem Fall einen guten Eindruck zu hinterlassen. Sagen Sie: „Herr Kunde. Sie haben ein wirklich außergewöhnliches Haus. Ich möchte mich da jetzt noch nicht festlegen, sondern noch mit einem Kollegen beraten.“ Das ist die Variante für den Ausstieg.

Wie erfahren Sie die Preisvorstellung, wenn diese nicht vorab in der Zeitung steht und der Kunde sie am Telefon nicht genannt hat? Fragen Sie!

Makler:	Herr Verkäufer. Sie haben das Haus wie sie sagten selbst bauen lassen und wissen, was es Sie gekostet hat. Zu welchem Preis würden Sie es verkaufen?
Kunde:	Herr Makler, Sie sind doch der Experte. Zu welchem Preis kann ich mein Haus verkaufen?

Makler:	Natürlich bedarf eine fundierte Aussage einer ordentlichen Analyse. Es wäre unseriös, einen Preis ohne diese Analyse zu benennen. Natürlich kommt es Ihnen als Verkäufer darauf an, das Haus zum höchsten am Markt erzielbaren Preis zu verkaufen. Was ist der Preis, den Sie mindestens erlösen möchten?
Kunde:	Natürlich habe ich einen Preis im Kopf, aber ich möchte gerne von Ihnen wissen, zu welchem Preis mein Haus verkaufbar ist.
Makler:	Mir ist klar, dass Sie zum höchst möglichen Preis verkaufen wollen. An welche Höhe haben Sie gedacht?

Ich erziele mit dieser Strategie die besten Erfolge. Sie müssen schließlich wissen, welchen Preis der Eigentümer erzielen möchte. Nur so können Sie prüfen, ob realistische Vorstellungen vorliegen. Und die sind die Basis für einen erfolgreichen Verkauf. Wenn Sie nicht weiter kommen, beenden Sie das Gespräch elegant und haken nach ein paar Tagen telefonisch nach. Rückt der Verkäufer nicht von seinen Vorstellungen ab, können Sie lediglich abwarten, bis die Vorstellungen des Kunden realistisch sind.

Nehmen wir an, Sie haben den Preis erfahren und wissen, dass dieser relativ nahe an der Realität liegt (die Engländer nennen das „Realities", die Österreicher „Realitäten"). Das ist das Signal für Sie, alles daran zu setzen, den Auftrag auch tatsächlich zu bekommen. Wir haben gelernt, dass Sie Vertrauen durch Kompetenz erhalten. Und Kompetenz erreichen Sie, wie auch im Vorkapitel schon aufgezeigt, durch Fragen, die Sie dem Kunden stellen!

Fangen Sie mit den einfachen Fragen an. Das sind Fragen, die Ihr Gegenüber spielend beantworten kann und meint, dass er keinen Makler braucht. Genau das wollen Sie. Ein Sieger kämpft nicht mehr. Lassen Sie ihn doch gewinnen. Schließlich kommt es für Sie darauf an, den Auftrag zu erhalten.

Beim zweiten Fragenblock wird es schon knackiger. Der Kunde kommt ins Grübeln. Doch Vorsicht: Vermeiden Sie es unbedingt, den Kunden auf dessen Nachfrage genau darüber aufzuklären, wie man es richtig macht, wie z. B.:

Makler:	„Herr Kunde, wie prüfen Sie, ob Ihr Interessent auch eine Bankfinanzierung bekommt?“
Kunde:	„Und wie machen Sie das, Herr Makler?“
Makler:	„Wir führen mit dem Kunden ein Vorfinanzierungsgespräch.“
Kunde:	„Dann haben Sie aber immer noch keinen hieb- und stichfesten Finanzierungsnachweis.“
Makler:	„Das ist richtig. Deshalb fragen wir gezielt, wer die Finanzierung bei welcher Bank bearbeitet, nehmen mit dem Bearbeiter Kontakt auf und lassen uns die Finanzierung bestätigen.“

Wie geht es besser?

Beantworten Sie die Fragen des Kunden zunächst nicht. Stellt der Kunde eine Frage, gehen Sie zur nächsten Frage über. Bedenken Sie immer: Wer Fragen stellt, hat die Gesprächsführung. Eine Diskussion mit dem Gesprächspartner an dieser Stelle der Verhandlungen ist tödlich und kostet Sie den Auftrag. Er wird Sie hier mehrmals löchern mit: „Herr Makler, wie machen Sie es? Erklären Sie es mir.“ Widerstehen Sie der Versuchung, die Fragen zu beantworten.

Sie gehen jetzt über zum dritten Fragenblock. Die Ausgangslage: Sie haben den Kunden überzeugt, dass er einen Makler braucht. Der Kunde sagt: „Schön und gut, Herr Makler. Ich denke, dass mir ein Vertreter Ihrer Berufsgruppe wertvolle Dienste leisten kann. Aber warum soll ich Ihre Firma mit dem Verkauf meiner Immobilie beauftragen? Alle anderen Makler verlangen keine Provision.“

„Warum wollen Sie sich einen Anwalt für die Käuferseite ins Haus holen?“ sollten Sie antworten. „Für wen arbeitet dieser, wenn er vom Käufer bezahlt wird? Warum soll ich für Sie kämpfen, wenn die andere Seite bezahlt? Auf welcher Seite wird dieser Makler, der keine Provision verlangt, bei Streitigkeiten z. B. vor dem Notar stehen?“

Verkäufer: „Gut. Aber ich akzeptiere keinen Alleinauftrag."

Makler: „Wollen Sie mehrere Makler beauftragen? Wollen Sie, dass die Makler Ihre Immobilie wie Sauerbier anbieten? Stellen Sie sich eine Einkaufspassage vor mit vier Geschäften. In jedem Geschäft wird das gleiche Angebot zum gleichen Preis ausgestellt. Was macht ein Kaufinteressent: ganz klar. Er geht ins erste, dann ins zweite, ins dritte und ins vierte Geschäft und erkundigt sich, welchen Nachlass es auf den Preis gibt. Wollen sie Ihre Immobilie dem aussetzen? Kennen Sie den Unterschied zwischen einem Allgemein- und einem Alleinauftrag? Bei einem Allgemeinauftrag kann ich mich um den Verkauf Ihrer Immobilie kümmern. Bei einem Alleinauftrag muss ich es. Ich muss mir vor der Annahme eines jeden Auftrages überlegen, ob ich diesen unterschreibe. Bei einem Allgemeinauftrag kann ein Makler Ihre Immobilie in der Schublade liegen lassen und sehen, ob eine andere Immobilie kommt, die er besser vermarkten kann."

Jetzt sind wir doch eine Diskussion mit dem Kunden eingegangen. Immer wird sich das nicht vermeiden lassen. Aber dieses Gespräch kommt ohnehin nur so weit voran, wenn klar ist, dass etwas daraus werden kann. Spätestens jetzt muss es möglich sein, den Kunden davon zu überzeugen, dass er einen Makler braucht. Erst dann besteht die Aussicht auf den Auftrag.

Zur Auftragslaufzeit: Natürlich möchte der Kunde, wenn er Ihnen schon einen Verkaufsalleinauftrag erteilt, eine möglichst kurze Laufzeit. Immer wieder beobachte ich, dass Makler sich einen Alleinauftrag für drei Monate erteilen lassen. Was soll das bringen? Gehen Sie so vor: „Lieber Kunde, Sie sind der Meinung, dass Sie einen Makler mit dem Verkauf Ihrer Immobilie beauftragen wollen. Wir werden nach Auftragserteilung eine Vermarktungsstrategie erstellen, Ihr Haus am Markt durch gezielte Werbemaßnahmen platzieren, Geld in die Vermarktung investieren und in der Folge den Verkauf zu ihrer vollsten Zufriedenheit abschließen. Es gibt zwei Arten von Makleraufträgen: die normale Version, welche ein Jahr läuft und die verkürzte Version mit sechs Monaten Laufzeit. Welche möchten Sie wählen?“

Dreimal dürfen Sie raten welche er nimmt. Aber dann sind wir genau da, wo wir hin wollen. Es macht als Makler keinen Sinn, eine kürzere Auftragslaufzeit als sechs Monate zu akzeptieren. Es mag schon sein, dass Sie nach Auftragserteilung nach Hause gehen und in Ihrer Datenbank den passenden Käufer finden, der die Immobilie sofort kauft. Auch ich habe das in meiner 30jährigen Maklertätigkeit schon ein paar Mal erlebt. Aber wollen Sie darauf Ihren Maklerauftrag abstellen? Gehen Sie dann, wenn das nicht klappt, ein zweites Mal zum Auftraggeber und sagen: „Sorry, lieber Auftraggeber. Das mit dem Interessenten aus der Kartei hat doch nicht geklappt. Bitte geben Sie mir nun doch den Maklerauftrag für sechs Monate.“

Es ist völlig normal, dass ein Veräußerer beim Auftragsgespräch fragt, ob Sie denn nicht ohnehin Leute in Ihrer Kartei haben, die das Haus sofort kaufen. Meine Antwort hierauf ist, dass ich selbstverständlich nach Auftragserteilung auch meine Kartei durchgehe, um zu sehen, ob wir Suchende gelistet haben, auf die die Immobilie passt. Aber ich stütze darauf nicht meine Vermarktungsstrategie. Ich erkläre dem Verkäufer, dass wir sofort alle Verkaufswege beschreiten, und seine Immobilie wie folgt bewerben:

- In Onlineportalen
- Printmedien
- Aushang in Schaukästen
- Persönliche Ansprache gelisteter Suchender
- Flyeraktion
- möglicherweise Verkaufsgalgen/Werbeschild am Objekt

Denn was will der Verkäufer? Er möchte, dass seine Immobilie zu einem marktgerechten Preis in annehmbarer Zeit verkauft wird. Und was erwartet der, der sich bei Ihnen als Suchender listen lässt? Dass er bevorzugt behandelt wird. Was heißt das genau? Dieser Interessent will, dass Sie ihn informieren, wenn eine für ihn passende Immobilie hereinkommt und zwar, bevor sie auf den Markt geht. Er erwartet weiter, dass Sie ihm die Immobilie billiger anbieten, weil sie ja noch nicht auf dem Markt angeboten wurde. Dazu verlangt er vielleicht noch, dass Sie von ihm weniger oder keine Provision nehmen, weil Sie ja wenig oder keine Arbeit mit der Vermarktung der Immobilie hatten. Doch will der Verkäufer, dass Sie Suchende bevorzugt behandeln? Schließlich kann das für ihn mit dem Nachteil verbunden sein, dass er nicht den Preis bekommt, den er kriegen würde, wenn Sie die Vermarktung mit einer vernünftigen Strategie durchführen.

Einige Beispiele aus meiner Praxis:

Beispiel 1:

Ein älteres Ehepaar inserierte ein Haus im Internet, das sie vor 20 Jahren erworben haben. Das Haus liegt in einer Gemeinde am Stadtrand, ca. acht Kilometer vom Stadtzentrum entfernt. Ich meldete mich auf das Inserat und führte ein freundliches Telefonat mit der Dame. Wir sind im Gespräch darauf gekommen, dass wir vor 20 Jahren anlässlich der damaligen Haussuche gemeinsam ein Haus besichtigt hatten. Die Frau hatte mich in guter Erinnerung. Sie erzählte mir, dass das Inserat in diesem Internetportal für drei Monate geschaltet wurde. Zunächst wollten sie den Verkauf selbst betreiben und keinen Makler beauftragen. Ich erkannte schnell, dass dieser Entschluss auch damit zusammenhing, dass die erwachsenen Kinder ihren Eltern beratend zur Seite standen. Da ich selbst nur wenige hundert Meter von der Immobilie entfernt wohnte, kannte ich die Lage gut. Ich verabschiedete mich höflich und verblieb so, dass ich mich nach sechs Wochen telefonisch melde, um den aktuellen Stand zu erfragen.

Siehe da: nach vier Wochen war das Inserat aus dem Internet entfernt, dafür bot ein mir völlig unbekannter Makler das Haus an. Ich war zunächst sprachlos.

Natürlich rief ich die Frau an. Sie erzählte mir, dass sich dieser Makler ebenfalls gemeldet hatte. Er sagte, er hätte ein paar potentielle Käufer und wolle sich das Haus gern ansehen. Als er dann das Objekt besichtigte, fand sie ihn so sympathisch, dass sie ihm den Verkaufsauftrag erteilte.

Was lernte ich daraus? Ich verpasste es einen persönlichen Termin zu bekommen, obwohl es möglich war. Der Kollege brachte das fertig mit dem Ergebnis, dass ihm der Verkäufer kurzfristig einen Auftrag zum Verkauf seines Hauses zum marktgerechten Preis erteilte.

Ein weiteres Beispiel: Ein Ehepaar inseriert ein Haus am südlichen Stadtrand. Ich meldete mich auf das Inserat und erhielt einen persönlichen Termin. Die Eigentümer bewohnten das Haus nicht selbst, die Immobilie war vermietet. Da man mit dem Mieter Pech hatte, kam eine weitere Vermietung nicht mehr in Frage, das Haus sollte verkauft werden. Leider lag die Preisvorstellung der Leute um 20 % über dem Marktniveau. Die Verkäufer wollten mit dem Preis auch nicht herunter gehen. Deshalb beschloss ich, nicht auf einen Maklerauftrag hinzuarbeiten, sondern das Objekt auf meine Nachfassliste zu setzen. Mein Ziel war es, dass die Verkäufer von sich aus erkennen, dass sich ihre Immobilien zu dem angestrebten Preis nicht verkaufen ließe. Dann, so dachte ich, habe ich die Chance einen Maklerauftrag zum marktgerechten Preis zu erhalten.

Ich legte mir die Angelegenheit für acht Wochen auf Wiedervorlage. Siehe da: nach etwa vier Wochen wurde das Haus von einem Makler zu einem Preis angeboten, der sicher noch mindestens zehn Prozent über dem Marktniveau lag. Aber er hatte den Auftrag erhalten. Vier Monate später war das Haus verkauft. Der Verkäufer musste zwar seine Preisvorstellung aufgeben, doch er wollte jetzt auf einmal verkaufen, der Winter nahte. Der Käufer suchte genau so ein Haus. Es ist schon unglaublich, wie das oft zusammenpasst.

Denken Sie daran: Es gibt kein Patentrezept. Jeder Auftrag ist anders. Nehmen Sie sich die Zeit, in Ruhe darüber nachzudenken, bevor Sie eine Entscheidung über Ihre Vorgehensweise treffen.

Aber natürlich überwiegen die positiven Beispiele:

Eine 84jährige Dame besitzt ein Haus mit drei Wohnungen. Die Erdgeschossetage bewohnt sie selbst. Das UG und das DG sind vermietet. Die Dame inseriert per Chiffre in der Tageszeitung. Durch das dreistufige Konzept mit den Anschreiben hat sie sich gemeldet. Es kommt zu einem Ortstermin, an welchem auch die Nichte der Eigentümerin teilnimmt. Man bespricht alles und ist sich einig, sowohl bezüglich des Auftrags als auch bezüglich des Preises. Die Dame will sich die Sache noch einmal überlegen. Auf Nachfrage kommt es zu einem Zweittermin. Bei diesem ist der Abschluss des Maklerauftrages schon das Gesprächsthema. Nur will die Auftraggeberin keine Verkäufermaklercourtage bezahlen. Im Gegenteil. Sie hat Zeitungsausschnitte parat, wo Makler inserieren, dass sie kostenfrei für den Verkäufer arbeiten. Sie erklärt, dass sie den Auftrag nur dann erteilt, wenn sie nichts bezahlen muss.

Ich sah aber keinerlei Veranlassung, Zugeständnisse zu machen. Letztendlich wurde beim dritten Termin der Auftrag erteilt. In diesem Fall hat einer der vorgemerkten Kunden die Immobilie nach drei Wochen Angebotszeit gekauft und alle waren zufrieden.

Gewöhnen Sie sich an, Ihre Dienstleistung zu verkaufen. Und Widerstand gehört hier dazu. Stellen Sie sich vor dem Gespräch vor, dass Sie den Auftrag zum marktgerechten Preis bei voller Verkäufermaklercourtage erhalten werden, dann haben Sie einen Leitfaden.

Kennen Sie den Klassiker „Der Club der toten Dichter“ mit dem großartigen Robin Williams? Machen Sie es wie er: wechseln Sie die Perspektive. Steigen Sie beim Nachdenken zur Not auf Ihren Schreibtisch und betrachten Sie die Angelegenheit aus diesem Blickwinkel.

Wenn Sie einen Termin zur Besichtigung und Besprechung mit dem Eigentümer erhalten haben, reicht es aus, nach ein oder zwei Tagen eine Entscheidung über Ihre persönliche Vorgehensweise zu treffen. Am besten machen Sie es so: Vereinbaren Sie mit dem Eigentümer, dass Sie sich Gedanken über die Möglichkeiten der Vermarktung der Immobilie machen. Sie bitten um einen weiteren Gesprächstermin bei Ihnen im Büro. Sodann können Sie dem Eigentümer Ihr Vermarktungskonzept vorstellen. So gewinnen Sie ein oder zwei Tage Zeit. Sie können sich in Ruhe auf das Gespräch vorbereiten. Ein weiterer Vorteil, wenn das Gespräch in Ihren Büroräumen stattfindet: Dem Eigentümer wird es schwerer fallen, mit Ihnen über Ihre Courtage zu feilschen.

4. Auftrag erteilt. Wie geht es weiter?

Sie haben es geschafft. Der Eigentümer hat Ihnen sein Vertrauen geschenkt. Er hat Ihnen den Maklerauftrag zum Verkauf seiner Immobilie erteilt. Und nun muss die Immobilie vermarktet werden.

Zunächst müssen wir uns darüber im Klaren sein, welches die Wege zum Vermarkten einer Immobilie sind:

- Internet
- Printmedien
- Flyer – Verkaufsgalgen – Verkaufsschild
- Schaukästen
- Persönliche Kontakte – Interessentenkartei
- Vermarktungsveranstaltungen
- Kaltakquise bei der Käufersuche

Internet

Ich weiß nicht, wie lange Sie schon als Makler tätig sind. Aber Mitte der 80er Jahre kannte ich nicht einmal das Wort „Internet" und konnte mir nicht vorstellen, dass irgendwann Immobilien mit Beschreibung, Bild, Video und Plan am Computer viel umfangreicher zu sehen sind als in der Zeitung. Das Inserat im Immobilienteil der Samstagszeitung war obligatorisch. Selbst als dann Mitte der 90er Jahre die ersten „Immobiliendatenbanken" auftauchten, haben nicht wenige auch der sehr erfolgreichen deutschen Makler diesen neuen Trend als Spinnerei abgetan mit dem Hinweis, dass sich das in kurzer Zeit von selbst erledigen würde. Es kam ganz anders. Heute ist das Internet aus der Immobilienvermarktung nicht mehr wegzudenken.

Wenn Sie als Makler so etabliert sind, dass Ihre Internetseite zur Marke geworden ist und die ganze Region bei Ihnen laufend auf der Seite nach Angeboten sucht, haben Sie alles richtig gemacht. Aber wenn Sie in München sitzen, kennt Sie der Immobiliensuchende aus Hamburg nicht. Also werden Sie nicht umhinkommen, Ihre Angebote auf Immobilienportalen einzustellen.

Wenn Sie sagen, dass Ihnen die knapp 800,- Euro, die der Marktführer im Jahr 2017 für das Einstellen von zwanzig Immobilien verlangt, zu viel sind, dann stellen Sie nur zehn Angebote ein. Verweisen Sie aber immer darauf, dass auf Ihrer Internetseite weitere Angebote einzusehen sind. So wecken Sie das Interesse des Suchenden und bewerben gleichzeitig Ihre Seite.

Aber achten Sie darauf, dass Ihr Internetauftritt professionell ist. Dies ist Ihr Aushängeschild. Die Qualität der eingestellten Fotos muss sehr gut bis ausgezeichnet sein. Auch Videosequenzen sind heute in Zeiten, in welchen die Rechner immer leistungsfähiger werden, eine gute Vermarktungsmöglichkeit. Die Beschreibung im Netz muss nicht absolut ausführlich sein. Eckdaten reichen. Bilder sagen hier mehr als tausend Worte.

Sie erhalten eine Anfrage. Der Interessent fordert Sie auf, ihm ein Exposé, möglichst mit der Adresse der Immobilie, zu senden. Wie gehen Sie vor?

Machen Sie es sich zur Gewohnheit, dass Sie jeden Interessenten telefonisch kontaktieren. Und ich meine wirklich jeden. Warum sollten Sie das tun? Ganz einfach. Sie müssen wissen:

- ✔ Mit wem Sie sprechen.
- ✔ Was gesucht wird.
- ✔ Wo gesucht wird.
- ✔ Zu welchem Zeitpunkt das Objekt bezogen werden soll.
- ✔ Über welche finanziellen Möglichkeiten verfügt der Interessent?
- ✔ Wird konkret gesucht, also ist die Suche ernsthaft oder schaut sich der Interessent nur um?

Stammt der Suchende aus Ihrer Gegend, muss das Ziel ein persönlicher Gesprächstermin bei Ihnen im Büro oder beim Interessenten zu Hause sein. Ist das nicht möglich, weil der Interessent weiter entfernt wohnt oder sich nicht mit Ihnen treffen will, muss das ausführliche Gespräch am Telefon stattfinden.

Warum? Gehen Sie davon aus, dass Sie in der heutigen Zeit sieben von zehn Anfragen „vergessen" können! Ja, es stimmt. Das ist die Quote. Ich will damit nicht behaupten, dass die Leute bei Ihnen anrufen, um Ihnen bewusst Ihre Zeit zu stehlen. Oft wissen die Leute selbst noch nicht, was sie wollen. Aus diesem Grund müssen Sie bereits am Telefon entscheiden, mit welchem Interessenten Sie einen Gesprächstermin vereinbaren und mit wem nicht. Wenn Sie mit allen von Ihnen nicht geprüften Interessenten Hausbesichtigungen durchführen, so wundern Sie sich nicht, wenn Sie nicht zum Arbeiten kommen. Durch gezielte Fragen gelingt es Ihnen, echte Interessenten zu erkennen. Ein Beispiel, ein Interessent ruft an:

Kunde:	„Herr Makler, Sie haben ein Reihenhaus in der Weststadt inseriert. Wo steht das Haus?"
Makler:	„Wo suchen Sie genau nach einem Haus, Herr Kunde?"
Kunde:	„In der Weststadt oder möglicherweise auch in der Südstadt, aber wo steht dieses Haus genau?"
Makler:	„Dieses Haus steht in der Weststadt. Könnte für Sie außer der Südstadt auch ein Haus in der Nord- oder Oststadt in Frage kommen?"
Kunde:	„Naja, das hängt vom Haus ab."
Makler:	„Wie soll die Immobilie, die Sie kaufen wollen, aussehen? Wie viel Zimmer brauchen Sie? Darf es renovierungsbedürftig sein? Wann wollen Sie einziehen?"
Kunde:	„Fünf Zimmer, eine kleine Einliegerwohnung wäre von Vorteil. Eigentlich suchen wir nach einem Haus, welches möglichst neuwertig ist mit guter Energieeffizienz. Ist das bei diesem Haus der Fall?"
Makler:	„Dieses Haus ist neuwertig. Was ist Ihnen sonst noch wichtig?"
Kunde:	„Dass die Immobilie in unseren finanziellen Rahmen passt."
Makler:	„Mit wem haben Sie schon über die Finanzierung gesprochen?"
Kunde:	„Eigentlich nur mit einem Kollegen, welcher kürzlich ein Haus gekauft hat."

Durch gezieltes Fragen sortieren Sie aus. Wenn Sie der Meinung sind, dass Ihr Gesprächspartner zwar interessiert ist, aber nicht kaufen will, dann beenden Sie den Kontakt und das Gespräch schon an dieser Stelle. Oft sind die Anrufenden Menschen, die mit der Immobiliensuche beginnen, sich einen Marktüberblick verschaffen und möglichst viele Häuser ansehen wollen.

Noch einmal: Sie haben nicht die Zeit allen, die bei Ihnen anrufen, Immobilien zu zeigen. Deshalb müssen Sie die Interessenten Schritt für Schritt qualifizieren. Und das fängt bereits beim Erstkontakt an.

Natürlich kann es sein, dass Ihr Gesprächspartner sagt: „Herr Makler, nennen Sie mir einfach die Adresse der Immobilie. Wenn ich nach der Außenbesichtigung interessiert bin, melde ich mich schon wieder bei Ihnen." Darauf gibt es nur eine Antwort: „Herr Kunde, der Eigentümer hat mich in meinem Maklerauftrag schriftlich dazu verpflichtet, die ganze Angelegenheit höchst diskret zu behandeln. Ich kann und darf Ihnen die Adresse weder telefonisch noch schriftlich durchgeben."

Gerade gestern hatte ich wieder einen tollen Anruf einer „Interessentin", das heißt, der Anruf war an einem Samstag um 18:30 Uhr auf meiner Mailbox: „Herr Makler, mein Name ist Frau Soundso. Sie bieten ein Haus in meinem Stadtteil an. Ich möchte mir das ansehen. Rufen Sie mich so schnell es geht zurück, damit wir einen Termin ausmachen können."

Noch bevor ich sie am Montagvormittag zurückrufen könnte, meldete sie sich erneut telefonisch: „Herr Resch, ich habe Ihr Inserat gelesen. Wann kann ich mir das Haus ansehen?"

Ich: „Damit ich weiß ob dieses Haus passt für Sie: Was suchen Sie genau?"

Die Dame: „Das tut jetzt nichts zur Sache. Ich will mir dieses Haus ansehen."

Ich: „Ich weiß nicht was Sie suchen und kaufen wollen. Wir opfern unsere Zeit wohlmöglich umsonst, weil ich nicht weiß, ob diese Immobilie passt für Sie.

Besser wäre es, wenn wir uns zu einem Vorgespräch bei mir im Büro treffen. So können wir besprechen, was Sie genau kaufen wollen und können anhand meiner Unterlagen in Frage kommende Häuser besprechen. Wann hätten Sie Zeit?"

Die Dame: „Wenn Sie mir das Haus nicht zeigen können, macht das Ganze für mich keinen Sinn."

Ich: „Für mich macht es auch keinen Sinn, Ihnen ein Haus zu zeigen, von dem ich nicht weiß, ob es für Sie in Frage kommt."

Ich habe ihr zum Abschluss noch einen schönen Tag gewünscht.

Natürlich könnte bei so einer Vorgehensweise ein ernsthafter Interessent dabei sein, der durchs Raster fällt. Aber ohne Vorselektion vertun Sie Ihre Zeit mit Personen, die nicht kaufen wollen. Spaß macht das jedenfalls keinen. Konzentrieren Sie sich lieber auf Menschen, die einen konkreten Kaufwunsch haben und Ihre Dienstleistung zu schätzen wissen.

Printmedien

Im Grunde ist die Vorgehensweise die gleiche wie beim Internetkontakt, jedoch mit dem Unterschied, dass der Interessent direkt bei Ihnen anruft. Aber auch hier ist die Qualifizierung schon in dieser ersten Phase des Gesprächs elementar wichtig und entscheidend.

Merken Sie sich bitte: wenn Sie mit jemandem ein Geschäft machen wollen, sind Sie nicht der Diener des Interessenten oder Kunden. Ein Geschäft geht nur dann gut, wenn sich beide Partner auf Augenhöhe begegnen. Das hat mit Respekt zu tun. Sie werden nie jemanden zum Abschluss führen können, wenn Sie nicht schon beim Erstkontakt

- einen klaren Standpunkt vertreten,
- nicht alles machen, was der Anrufer befiehlt,

- Fragen stellen,
- Nein sagen lernen.

Heute hat mich eine Dame wegen eines Hauses angerufen. Es handelt sich um eine Immobilie in Randlage. Das Haus war in der Zeitung inseriert. Die Dame sagte, dass sie fünf Hunde hat und alleinstehend sei. Auf meine Frage, mit wem sie über die Finanzierung gesprochen hätte (Achtung: das ist ein Merksatz! Übernehmen Sie diesen bitte genau so in Ihren Sprachgebrauch, Wort für Wort) sagte sie, dass ihr Vater ihr das Haus kaufen würde. Sie fragte mich, wann sie denn das Haus besichtigen könne. Ich erklärte ihr, dass uns der Eigentümer als Auflage gemacht hat, vor jeder Besichtigung einen Finanzierungsnachweis des Interessenten einzuholen. Die Dame sagte mir, dass ich ihren Vater gern anrufen könne. Ich entgegnete, dass ich das nicht tun werde, weil mir das Telefonat nicht den notwendigen Nachweis bringt. Die Dame sagte. „Heißt das, mein Vater soll Ihnen eine Kopie seines Kontoauszuges schicken?“ „Genau das“ entgegnete ich, „oder eine Finanzierungsbestätigung seiner Hausbank.“ Die Frau war nicht sehr begeistert.

Sind Sie schockiert über die Vorgehensweise? Warum? Schließlich war ich nicht respektlos oder frech zu der Frau. Denken Sie an Ihre Abschlüsse. Denn ich will verkaufen, nicht besichtigen!

Natürlich rutschen welche durchs Raster. Es passiert auch mir noch, dass ich mir nach zwei Minuten denke: „Mist. Warum bin ich mit diesen Leuten, die die Immobilie nie im Leben kaufen, hier?“ Aber solche Termine werden immer weniger und ich breche Besichtigungen, die sich erkennbar negativ entwickeln, gnadenlos ab.

Ziel und Zweck einer Besichtigung sollten von vorn herein klar sein. Die Interessenten

- haben ernsthaftes Kaufinteresse,
- haben vor einer Besichtigung die Finanzierung nachgewiesen,

- kennen die Wohnung im Detail, auch alle Nachteile der Wohnung,
- haben vorab alle relevanten Unterlagen wie Abrechnungen, Versammlungsprotokolle, Energieausweis, Grundriss, Foto und Videomaterial erhalten.

Schließlich besichtigen Sie, um etwas zu verkaufen!

Flyer – Verkaufsgalgen – Verkaufsschild

Wären wir Makler in den USA, würde dieses Vermarktungstool zur Standard-Maßnahme bei jedem Verkauf gehören. In Mitteleuropa, vor allem in Deutschland oder in Österreich ist das anders. Warum? Der Nachbar des Verkäufers darf nicht wissen, dass er seine Immobilie verkauft. Sie sollen zwar den höchstmöglichen Preis erzielen, aber so lautlos wie möglich und ohne Aufsehen.

Ich bin ein Fan dieses Vermarktungstools, wenn es sich um eine unbewohnte Immobilie handelt. Wohnt der Verkäufer noch im Haus, macht der Verkaufsgalgen nur Ärger. Aber wenn der Verkäufer auswärts wohnt, die Immobilie leer steht und sich vielleicht in frequentierter Lage befindet, so werden Sie hierüber viele Interessenten gewinnen. Das Filtern ist Ihr Job. Gehen Sie davon aus, dass Sie deutlich mehr Anfragen bekommen, als wenn Sie die Immobilie nur mit den herkömmlichen Methoden bewerben.

Was ist bei einer Bewerbung am Objekt zu beachten? Das, was dem Interessenten sofort ins Auge stechen und so groß wie möglich dargestellt werden muss, ist Ihre Telefonnummer. Wohl dem, der eine kurze, einprägsame Festnetznummer hat. Wir haben das Glück, noch eine alte vierstellige Nummer unser Eigen zu nennen. Wenn der Interessent mit dem Auto vorbeifährt, sollte er diese wichtigste Information der Kontaktaufnahme lesen können. Dann natürlich Ihr Firmenname und Ihre Internetadresse. Gut ist auch ein QR-Code. Aus. Keine Faxnummer. Auch nicht unbedingt die Adresse Ihrer Firma. Diese drei Informationen reichen völlig. Die Web-Adresse ist deshalb so wichtig, weil der Kunde zu Hause die Beschreibung des Objekts einsehen möchte. Mit dem QR-Code und den hier hinterlegten Daten kann er diese Informationen auch sofort vor Ort abrufen.

Für Immobilien am Ende einer Sackgasse oder bewohnte Immobilien ist der Verkaufsgalgen nicht optimal. In anderen Fällen sollten Sie dieses Vermarktungstool mit in Ihr Programm aufnehmen.

Schaukästen

Ein kluger Unternehmer hat einmal gesagt: „Ich weiß, dass fünfzig Prozent meiner Marketing-Ausgaben umsonst sind. Ich weiß nur nicht, welche fünfzig Prozent es sind."

Vermarktung funktioniert nur, wenn ein Gesamtkonzept zugrunde liegt. Und in dieses sollten auch Schaukästen integriert sein. Aus der Erfahrung kann ich sagen, dass Schaukästen nicht viel kosten, aber viel bringen. Wo sollten Sie diese anmieten?

- In der Fußgängerzone Ihrer Stadt
- In Bahnhofsnähe
- An belebten Knotenpunkten
- Im Foyer des örtlichen Supermarktes

Klar nutzt ein Schaukasten nur dann, wenn Ihre Angebote gesehen werden. Auch hier sollten Sie darauf achten, dass Sie keine vollständigen Exposés ausstellen und ganze Romane schreiben. Kurze, knackige Infos und ein oder mehrere schöne Bilder reichen.

Persönliche Kontakte – Interessentenkartei

Als erstes das Wichtigste: Eine Interessentenkartei muss aktuell sein! Und: In die Kartei werden nur diejenigen aufgenommen, mit denen Sie persönlich gesprochen haben und deren Motive zum Kauf einer Immobilie Sie kennen!

Warum? Nur wer bereit ist, mit Ihnen über seine Immobiliensuche zu sprechen und sich die Zeit dafür nimmt, ist ein wirklicher Interessent! Ausnahmen bestätigen auch hier die Regel. Wenn der Interessent in Köln sitzt und Sie in Garmisch, muss das ausführliche Gespräch am Telefon stattfinden.

Was ist das Ziel des Gesprächs? Sie finden folgende Dinge heraus: Was will der Interessent kaufen? Wie sieht die finanzielle Situation des Interessenten aus? Das Wichtigste dabei: Welche Immobilie aus Ihrem Bestand können Sie – jetzt oder in Zukunft – für diesen Interessenten passend machen?

Prägen Sie sich diesen letzten Satz bitte ein! Dies ist der wichtigste Aspekt beim Gespräch mit Kaufinteressenten überhaupt. Wie Sie herausfinden was der Interessent will und kann, erkläre ich ausführlich unter „Erstgespräch mit dem Interessenten". Wenn Sie so vorgehen und nur von geprüften Suchenden eine Gesuchkartei anlegen, haben Sie weniger Kontaktadressen im Bestand, aber dafür von Interessenten, die Sie kennen und von denen Sie wissen, was sie kaufen wollen.

Aber auch hier gilt, dass Sie mit jedem dieser Suchenden spätestens nach vier Wochen sprechen müssen, wenn dazwischen kein Kontakt stattfand. In dieser Zeit kann sich alles Mögliche tun. Suchen ist ein Lernprozess für den Interessenten. Er hat vielleicht, nachdem er zwei oder drei Häuser bei Kollegen von Ihnen gesehen hat, eine andere, realistischere Einstellung. Oder es ergibt sich, dass ein Elternteil mitzieht, mitzahlt und somit eine größere Immobilie notwendig ist. Davon sollten Sie wissen, damit Sie die richtige Immobilie anbieten können. Auch hier gilt: Ein funktionierendes Wiedervorlagesystem ist eines der elementarsten Grundbausteine guter Maklerarbeit! Und auch ganz wichtig hierbei: Wer führt diese Nachfasstelefonate? Der Praktikant, das Lehrmädchen oder Ihre Sekretärin? Wiedervorlagetelefonate führen nur Sie selbst und sonst niemand – sie sind Chefsache!

Machen Ihnen die Nachfass-Telefonate keinen Spaß? Haben Sie Probleme damit sich dafür zu motivieren? Machen Sie sie trotzdem. Wenn Sie hier Motivationsprobleme, so versuchen Sie es mit Autosuggestion oder nutzen Sie andere wirksame Methoden, die Ihnen helfen. Tun Sie einfach beim Telefonieren so, als wären Sie motiviert. Nach dem dritten Telefonat sind Sie es – versprochen!

Auch hier wieder ein Beispiel: Ich liebe Wiedervorlage-Telefonate über alles. Ich trage mir die Wiedervorlagetermine fein säuberlich in mein Outlook-System ein und arbeite sie Tag für Tag ab. Klar: wenn ich an einem Tag viele Termine habe und nicht dazu komme, aber auch, wenn ich schlecht drauf bin, hole ich das am nächsten Tag nach, oder auch noch einen Tag später. Aber es kommt nicht vor, dass ein Termin in Vergessenheit gerät. Das würde ja das ganze System in Frage stellen.

Es ist auch nicht unüblich, dass mir ein Eigentümer nach mehrjährigem, ständigem Kontakt den Auftrag erteilt. Dieses Jahr konnte ich in nur drei Wochen ein Haus verkaufen, bei welchem ich mit der Verkäuferin ganze fünf Jahre vom Erstkontakt bis zur Erteilung des Maklerauftrages im Gespräch war! Wenn Sie da nicht dran bleiben und alle drei Monate anrufen, macht der Kollege das Geschäft.

Natürlich kosten die Telefonate, die auf Wiedervorlage liegen, Zeit. Aber genau dieser Aufwand und Mühe ist für mindestens fünfzig Prozent meiner Makleraufträge und Verkaufsabschlüsse verantwortlich! Ich weiß, dass ich meinen persönlichen Verkaufs-Erfolg auch meinem Wiedervorlagesystem verdanke und der Tatsache, dass ich die Nachfasstelefonate selbst und persönlich führe.

Vermarktungsveranstaltungen

Hier trennt sich die Spreu vom Weizen. Sind Sie eher der introvertierte Typ? Gehen Sie ungern auf Leute zu? Haben Sie Probleme damit, Fremde anzusprechen? Dann scheidet dieses Vermarktungstool für Sie generell aus. Grundsätzlich sollten Sie, wenn eine der vorgenannten Aussagen auf Sie zutrifft überlegen, ob Sie den richtigen Beruf ergriffen haben.

Welche Möglichkeiten an öffentlichen Veranstaltungen gibt es für Sie und Ihr Untenehmen?

Stellen Sie sich vor, Sie wurden von einem Bauträger mit dem Verkauf einer Wohnanlage in einer bestimmten Siedlung beauftragt. Warum sprechen Sie nicht mit dem Leiter des örtlichen Supermarktes, ob Sie im Foyer für eine gewisse Zeit einen Stand aufstellen können?

Gut: Sie werden nicht die Zeit haben, hier acht Stunden am Tag zu stehen. Vielleicht können Sie diesen in wechselnden Schichten mit Ihrem Personal besetzen, oder Sie öffnen diesen nur stundenweise. Aber auch Sie selbst sollten sich dort sehen lassen. Sie schlagen dabei zwei Fliegen mit einer Klappe: einerseits vermarkten Sie das Bauvorhaben, andererseits lernen die Leute Sie als den Makler vor Ort kennen. Sprechen Sie die Leute an. Gehen Sie offen auf sie zu.

Wie schon zuvor beschrieben: Führen Sie Informationsveranstaltungen „Immobilien privat verkaufen" durch.

Was bringt es Ihnen, wenn Sie zukünftige Verkäufer darin schlau machen, wie sie ihr Haus ohne Makler verkaufen? Nun diese Veranstaltung hat natürlich den Zweck zu vermitteln, dass der Verkäufer einen Makler braucht.

Wie gehen Sie diese Veranstaltung an?

- Wichtig: wählen Sie den passenden Veranstaltungsort. Sie sollten den Event nicht im nobelsten Hotel der Stadt, aber auch nicht in der letzten Absteige durchführen. Gute Mittelklasse ist hier das Richtige.
- Planen Sie den Vortrag mit einer überschaubaren Anzahl von Zuhörern, etwa dreißig bis vierzig Personen.
- Damit der Abend für die Besucher auch wirklich informativ wird, sollten Sie ein bis zwei Gastreferenten einladen. Ihr Notar könnte über Wissenswertes zum notariellen Kaufvertrag erzählen. Oder sprechen Sie mit Ihrem Versicherungsvertreter, ob er darüber referiert, was es beim Immobilienverkauf in Bezug auf die Gebäudeversicherungen zu beachten gilt. Hinzu kommt dann noch Ihr Vortrag.
- Sowohl Sie als auch Ihre Gastredner sollten aber darauf achten, dass sie neutral bleiben in ihren Ausführungen. Nur dann wirken Sie wirklich seriös. Sie könnten Ihren eigenen Vortrag wie folgt gestalten: Zeigen Sie Wege auf, wie man an Interessenten kommt (Anzeige in der Tageszeitung, Inserat in

Internetdatenbanken, Verkaufsschild am Haus usw). Erklären Sie, wie man mit Interessenten umgeht. Der Kunde sollte wissen, dass er nicht jedem, der sich meldet, seine Immobilie zeigen sollte. Referieren Sie über die Grundlagen der Fragetechnik, mit deren Hilfe der Verkäufer herausfinden soll, wer ein wirklicher Interessent ist.

5. Das Erstgespräch mit dem Interessenten

Sie inserieren Ihre Angebote in der Tagespresse. Das Telefon läutet. Ein Interessent ist dran. „Herr Resch, Sie bieten ein Haus in der Weststadt zum Kauf an. Genau nach so einem Haus suche ich schon lange. Bitte sagen Sie mir die Adresse, damit ich mal vorbei fahren kann, um mir das Haus von außen anzusehen." Oder der Kunde bittet um einen Besichtigungstermin.

Machen Sie sich folgendes bewusst: Sie wissen nicht:

- Wer Sie anruft.
- Was der Interessent sucht.
- Was sich der Interessent leisten kann.
- Zu welchem Zeitpunkt der Interessent kaufen will.
- Ob überhaupt ein konkreter Kaufwille vorliegt.

Makler, die gleich beim ersten Anruf eines Interessenten einen Besichtigungstermin vereinbaren, überspringen den ersten Punkt. Und diese Kollegen wundern sich dann, wenn bei der Besichtigung nichts herauskommt.

Der Makler, der ohne Vorgespräche seinen Interessenten Immobilien besichtigen lässt, braucht sich nicht wundern, wenn aus diesen Besichtigungen keine Kaufabschlüsse resultieren. Der Kauf einer Immobilie durch einen nicht geprüften Interessenten halte ich für reinen Zufall.

Verkaufen hat etwas mit Kontrolle zu tun. Im Verkaufsprozess habe ich die Kontrolle darüber, wann abgeschlossen wird. Wie wollen Sie die Kontrolle über den Verkaufsprozess bekommen, wenn Sie diese gleich von vorn herein aus der Hand geben? Und selbst wenn die Immobilie wirklich passt – Ausnahmen bestätigen die Regel – und der Interessent, dem Sie am Telefon die Adresse gegeben haben, kaufen will: Wie wollen Sie in diesem Fall Ihre Käufermaklercourtage durchsetzen? Sie haben ja praktisch nichts für den Kunden getan als die Adresse weitergegeben zu haben und die Haustür aufzuschließen.

Der Schlüssel zum Erfolg ist der Verkauf Ihrer Dienstleistung. Das beginnt am Telefon. Sieben Sie gnadenlos aus. Verkaufen Sie als erstes den Gesprächstermin.

Der Anruf beginnt damit, dass der Interessent Fragen stellt, die Sie beantworten. Wer hat anhand dieses Beispiels die Gesprächsführung? Richtig. Der Interessent. Wie bekommen Sie die Gesprächsführung? Durch eine Gegenfrage und in der Folge durch weitere Fragen!

Wie Sie ein Telefonat nicht führen sollten:

Kunde:	„Herr Makler, Sie bieten ein Haus in der Weststadt an. Wie viele Zimmer hat das Haus?
Makler:	„Fünf."
Kunde:	„Und wie ist die Lage? Liegt das Haus ruhig?"
Makler:	„Ja."
Kunde:	„Wie ist der Zustand des Hauses? Kann man sofort einziehen?"
Makler:	„Ja. Sie müssen nichts reparieren."

Wenn Sie das Gespräch so weiter laufen lassen, irgendwann dem Drängen des Anrufers nachgeben und einen Begehungstermin vereinbaren, brauchen Sie sich nicht wundern, wenn nichts dabei herauskommt.

Unterbrechen Sie das Fragemuster wie folgt:

Kunde:	„Herr Makler, Sie bieten ein Haus in der Weststadt an. Wie viele Zimmer hat das Haus?"
Makler:	„Wie viele Zimmer benötigen Sie?"
Kunde:	„Wir brauchen mindestens sechs Zimmer. Liegt das Haus ruhig?"
Makler:	„Was ist für Sie ruhig? Wie definieren Sie das?"
Kunde:	„Ich lege Wert darauf, dass in der Nähe keine laute Straße, Zug oder Autobahn verläuft."

Makler: „Lieber Kunde. Damit ich weiß, welche Immobilie aus meinem Bestand für Sie passt: Was suchen Sie genau? Was muss die Immobilie haben, die Sie kaufen wollen?"

Kunde: „Mich interessiert speziell dieses Haus. Können Sie mir die Adresse geben? Dann fahre ich dort mal vorbei."

Makler: „Der Eigentümer hat uns zur Diskretion verpflichtet. Mir ist es nicht gestattet, die Adresse der Immobilie telefonisch oder elektronisch zu übermitteln. Aber damit ich weiß, ob dieses oder ein anderes Haus für Sie geeignet ist: Was suchen Sie genau?"

Kunde: „Wir suchen ein Haus in der Süd- oder Weststadt in ruhiger Lage mit sechs Zimmern und Garten ohne Renovierungsbedarf."

Makler: „Ich schlage Ihnen Folgendes vor: Wir sollten uns zunächst im ersten Schritt in Ruhe zusammensetzen und ausführlich besprechen, was die Immobilie haben muss, die Sie kaufen wollen. Sie werden die nächsten Jahrzehnte in dieser Immobilie leben. Umso wichtiger ist es, dass Sie sorgfältig auswählen. Ich nehme mir gerne die Zeit, um mit Ihnen zu sprechen. Wann passt es Ihnen besser? Am Mittwoch um vier oder am Donnerstag um fünf?"

Kunde: „Aber geben Sie mir doch einfach die Adresse der Immobilie. Dann kann ich mir das Haus von außen ansehen und mich wieder melden, wenn die Lage passt."

Makler: „Ich darf Ihnen die Adresse aus Diskretionsgründen nicht nennen. Außerdem wissen wir noch nicht, ob die Immobilie tatsächlich für Sie passt. Umso wichtiger ist es, dass wir uns zu einem persönlichen Gespräch zusammensetzen und herauszufinden, was sie kaufen wollen."

Kunde: „Ich habe mir Ihre Internetseite angesehen. Da ist sonst kein Haus dabei, welches mich interessiert. Warum soll ich wegen diesem einen Haus zu Ihnen kommen?"

Makler: „Der Eigentümer möchte nicht, dass sein Haus öffentlich angeboten wird. Wenn wir uns zusammensetzen, können wir in Ruhe prüfen, welche Angebote aus meinem Bestand für Sie passen.“

Kunde: „Das heißt, Sie haben vielleicht noch mehr Häuser? In Ordnung. Sagen wir Donnerstag um fünf.“

Wichtig hierbei: das Wort „kaufen“ muss von Anfang an und immer wieder von Ihnen gegenüber dem Kunden ausgesprochen werden. Es stört niemanden, der wirklich kaufen will, wirft aber jene aus der Bahn, die keine Kaufabsicht haben. Ihr Job ist es, Ihren Kunden die passende Immobilie zu verkaufen. Sonst nichts. Es gehört nicht zum Tätigkeitsbereich eines Dienstleisters, Menschen, denen am Wochenende langweilig ist, Häuser zu zeigen.

Sie wollen und Sie werden sich ab sofort nur mit denen beschäftigen, die wirklich kaufen wollen und können!

Auch wenn Sie beim Ersttelefonat der Meinung sind, dass der Interessent perfekt zur Immobilie passt: vereinbaren Sie in jedem Fall einen Termin zum Erstgespräch bei Ihnen im Büro.

Warum? Neben dem Herausfinden der kaufentscheidenden Motive müssen Sie dem Suchenden die Immobilie vor der Besichtigung verkaufen! Jede Immobilie hat nicht nur Vor-, sondern auch Nachteile. Kommen diese erst bei der Besichtigung zur Sprache, haben Sie meist keine Chance, einen positiven Gesprächsverlauf zu ereichen. Die negativen Eigenschaften trüben den Eindruck des Kunden und behindern dessen Kaufentschluss.

Beim Erstgespräch gehört bei mir nach der Besprechung, Erfassung aller relevanten Daten und des Herausfindens der kaufentscheidenden Motive auch die Präsentation der in Frage kommenden Immobilie per Video dazu. Eine gute Spiegelreflexkamera mit einer Video-Aufnahme-Funktion gibt es heute im Elektronikmarkt für vierhundert Euro. Selbst ein Laie bringt es fertig, die Fotos und Videos der Immobilie auf seinen Rechner zu überspielen.

Stellen Sie sich ein TV-Gerät in Ihren Besprechungsraum. Besichtigen Sie so virtuell mit den Interessenten die Immobilie. Sie werden erstaunt sein, wie harmonisch plötzlich die Besichtigungen, die Sie aber nicht am gleichen Tag, sondern später durchführen, verlaufen.

Es gibt ja die verrücktesten Dinge, warum Leute ein Haus nicht kaufen. Es gibt Details, nach denen Sie im Erstgespräch nicht fragen, weil Sie einfach nicht darauf kommen. Will der Interessent einen Direktzugang vom Schlafzimmer ins Bad, oder möchte er das gerade nicht, will er eine abgetrennte Küche oder eher einen offenen Wohn- Ess- Kochbereich, gefällt ihm die Farbe des Holzbodens nicht usw. Es gibt tausend Details, die man im Erstgespräch nicht ansprechen wird. Jeder Interessent ist anders. Aber mit der virtuellen Besichtigung „verkaufen" Sie diese für den Interessenten möglichen Nachteile schon vorweg nach dem Motto: „Na gut, ich wollte zwar keinen Zugang zum Bad über das Schlafzimmer. Es ist auch nicht optimal, dass man von der Einfahrt zunächst über eine Außentreppe zur Haustür hinauf gehen muss. Aber das Haus ist sonst wirklich fast perfekt. Deshalb sollten wir es uns ansehen."

Bohren Sie aber hier an dieser Stelle wirklich nach. Der Kunde muss den Kompromiss vor der Besichtigung machen. Klar sein muss auch, dass der Kauf einer bestehenden Immobilie immer ein Kompromiss ist. Das Haus hat ja ein anderer nach seinen Vorstellungen gebaut. Aber zum Thema Kompromiss später mehr.

Planen Sie die Video-Besichtigung fest in Ihren Verkaufsprozess ein!

Bevor wir uns nun über das Erstgespräch unterhalten, machen Sie sich bitte folgendes bewusst: Entscheidend darüber, ob Sie den Interessenten als potentiellen Käufer betrachten und ihm in der Folge auch die passende Immobilie verkaufen können, ist, dass er die Stimmigkeit des Immobilien-Such-Dreiklangs versteht: Lage – Objekt – Preis.

Objekt – Preis fest, Lage flexibel

Der Kunde ist Multimillionär. Es sucht eine Villa mit einer Luxusausstattung in der besten Lage Ihrer Stadt. Der Preis spielt keine Rolle. Wird er diese Immobilie finden? Aber klar. Wenn der Preis keine Rolle spielt, ist auch die neue Villa in einer 1-A-Lage zu haben.

Lage – Preis fest

Wo muss der Suchende bei diesem Beispiel kompromissfähig sein? Richtig: beim Objekt, also der Immobilie! Und genau das sind die Gespräche, welche Sie am häufigsten führen werden. Denn was wollen die Leute? Das beste Haus in der besten Lage zum günstigsten Preis. Aber Immobilien haben nun einmal einen marktgerechten Preis.

Machen Sie sich ein Lage – Objekt – Preis – Blatt und gehen Sie die drei Schritte mit den Suchenden im Erstgespräch durch. Die Interessenten müssen für sich selbst mit Ihrer Hilfe herausfinden, dass der Kauf immer ein Kompromiss sein wird. Das geht aber nur im Erstgespräch. Besichtigen Sie die in Frage kommenden Immobilie zu früh, brauchen Sie sich um den Kompromiss nicht mehr bemühen. Dann ist es dafür zu spät.

Wenn die Interessenten eine Immobilie nur in einer guten Lage kaufen wollen und es durch den Finanzierungsrahmen Preisgrenzen gibt, müssen Sie vermitteln, dass es keine Möglichkeit gibt, unter diesen Voraussetzungen das neuwertige Haus mit moderner Ausstattung zu kaufen (Beispiel 3.). Ihre Kunden müssen damit leben können, dass es ein Haus, das in den 1970er-Jahren gebaut wurde, werden kann. Oder es gelingt Ihnen, sie davon zu überzeugen, aufs Land zu ziehen (Beispiel 2.). Gelingt der Kompromiss nicht, gehen die Aktivitäten an dieser Stelle nicht weiter.

Beim Erstgespräch bekommen Sie ein Gefühl für Ihre Gesprächspartner. Sie erfahren, ob es generell Sinn macht, Zeit zu investieren, oder ob Ihre Mühen umsonst sind. Denn machen Sie sich immer wieder bewusst: Der Sinn des Erstgesprächs ist es, herauszufinden, welche Immobilie aus Ihrem Bestand für Ihre Kunden passend ist. Klären Sie vorab, was die Interessenten kaufen wollen, aber auch, was sie kaufen können.

Natürlich können Sie zunächst die Grunddaten erfassen wie Name, Adresse, Beruf, nähere Lebensumstände, Platzbedarf usw. Das sind die Daten, an die Sie auch schnell und unkompliziert kommen. Weiter sollten Sie aber keinesfalls Scheu davor haben, auch gezielt die Themen Finanzierung und eben Kompromissfähigkeit anzusprechen.

Gewöhnen Sie es sich an, genau und konkret zu fragen. Nur auf eine präzise Frage erhalten Sie eine Antwort, mit der Sie etwas anfangen können.

Wenn Sie den Interessenten fragen: „Herr Interessent. Haben Sie das Thema Finanzierung schon besprochen?“, kann dieser darauf antworten: „Ja.“

Vielleicht hat er auch letzte Woche mit einem Arbeitskollegen, der sich jüngst ein Haus gekauft hat, über das Thema Finanzierung gesprochen. Aber hilft Ihnen und dem Suchenden das weiter? Natürlich nicht. Deshalb muss die präzise Frage lauten: „Herr Interessent, mit wem haben Sie über Ihre Finanzierung gesprochen?“ Sie brauchen diese konkrete Information. Die Finanzierbarkeit des Objekts ist die Basis.

„Mit Herrn Meier von der örtlichen Volksbank“, antwortet der Kunde.

„Und was hat man Ihnen dort ausgerechnet?“ fragen Sie nach.

„Mit dem Modell, das wir gerechnet haben, darf unser neues Haus inclusive Kaufnebenkosten und Kleinreparaturen maximal 450.000 Euro kosten.“

Na bitte. Mit dieser Information können Sie etwas anfangen. Wenn der Kunde bei Ihnen jetzt bezüglich eines Hauses, das Sie für 500.000 Euro anbieten, nachgefragt hat, gibt es zwei Möglichkeiten:

1. Sie wissen, dass der Verkäufer bereit ist, den Preis um 70.000 Euro zu reduzieren (vergessen Sie hierbei nicht, dass der Kunde 450.000 incl. allem ausgeben will) oder
2. Sie schicken den Kunden noch einmal zur Bank und lassen prüfen, ob auch 520.000 Euro zu finanzieren sind.

Das alles findet vor der Besichtigung statt. Denn was passiert wenn Sie das 500.000 Euro teure Haus vor der Klärung der Punkte 1. und 2. besichtigen? Der Kunde kann das Haus möglicherweise nicht kaufen. Er findet Dinge an der Immobilie, die doch nicht so gut sind, also erfindet er Ausreden. Wie wollen Sie diesem Interessenten aber den Abstieg auf die „schlechtere" Immobilie schmackhaft machen? Das wird Ihnen dann nicht mehr gelingen.

In der Praxis wird es zumeist so sein, dass die Leute noch gar nicht bei der Bank waren. Auch und gerade in diesem Fall ist das Thema Finanzierung konsequent vor der Besichtigung zu klären.

Sie können aber auch sofort im Erstgespräch problemlos einen grundsätzlichen Finanzierungscheck machen. Nehmen wir an, der Interessent erkundigt sich bei Ihnen nach einem Haus für 300.000 Euro. Wie können Sie vorab klären, ob die Finanzierung überhaupt darstellbar ist?

Fragen Sie den Interessenten: „Was wollen Sie als Eigenkapital einsetzen?" Der Interessent antwortet: „40.000 Euro." „Gut" sagen Sie. „Und was stellen Sie sich als monatliche Belastung vor?" (Also das, was er als Annuität an die Bank zahlen möchte) „1.200 Euro", antwortet der Interessent. Das sind 14.400 Euro im Jahr. Mit 14.400 Euro lassen sich bei einer Annuität von 5 % (2 % Zins, 3 % Tilgung) 288.000 Euro finanzieren. Wenn er die 40.000 Euro Eigenkapital tatsächlich hat, in fester Anstellung ist, keine negativen Schufa-Einträge hat und nach Abzug der Lebenshaltungskosten die 1.200 Euro für die Bank bleiben, wird das Haus für den Interessenten finanzierbar sein.

Hat der Interessent aber anhand unseres Beispiels kein Eigenkapital, sollten Sie ihn in jedem Fall, und zwar vor jeder Besichtigung, zur Bank oder zu mehreren Banken verweisen. In jedem Fall muss die Durchführbarkeit eines solchen Vorhabens vorher geklärt werden. Das gilt z. B. auch dann, wenn der Interessent sagt, dass er von Vater, Oma oder Tante Gerda einen gewissen Geldbetrag zum Hauskauf bekommt. Wo ist der Betrag? Wann wird er transferiert? Kann Tante Gerda die Existenz des Geldes nachweisen und bestätigt sie die Überweisung zu einem bestimmten Termin? Nur nachprüfbare Fakten sind brauchbare Fakten!

Sie haben nun alle Grunddaten aufgenommen, kennen die Namen von allen, die als Käufer im Grundbuch stehen sollen und Sie wissen, ob die Finanzierung grundsätzlich machbar ist.

Nun geht es ans Eingemachte. Fragen Sie sich: Warum wollen die Leute eine Immobilie kaufen?

Kunde: „Ach. Alle unsere Freunde haben in den Vergangenheit Häuser gekauft oder beabsichtigen das. Man fühlt sich schon richtig als Außenseiter, wenn man noch zur Miete wohnt. Wir waren letztens bei Bekannten eingeladen. Die haben sich ein altes Haus gekauft und es zwei Jahre lang umgebaut. Als sie fertig waren, war deren Ehe zerrüttet. Das wollen wir definitiv nicht".

Makler: „Wie wohnen Sie jetzt? Gefällt es Ihnen in Ihrer Wohnung? Wann wollen Sie dort ausziehen?"

Kunde: „Wir wollen eigentlich gar nicht ausziehen."

Schwieriger Fall. Wie wollen Sie mit diesen Leuten zu einem Abschluss kommen? Mein Tipp: auf Termin legen und nachrufen! Es bringt nichts, den Kunden Immobilien zu zeigen, weil diese sich erst im Klaren darüber werden müssen, dass der Kauf einer selbst genutzten Immobilie die sinnvollste Investition überhaupt ist.

Überhaupt ist dieser Punkt der Schlüssel zum Abschluss. Verwenden Sie auf die Klärung dessen so viel Zeit wie nötig. Versuchen Sie zwischen den Sätzen zu verstehen, was die Interessenten sagen und machen Sie sich bewusst, dass bei Ehepaaren die Kaufentscheidung häufig – so meine Erfahrung - von den Ehefrauen getroffen wird!

Makler:	„Warum wollen Sie sich denn ein Haus kaufen?“
Ehefrau:	„Wir sind mit unseren zwei Kindern innerhalb von fünf Jahren drei Mal umgezogen. Die erste Wohnung wurde uns zu klein. Bei der zweiten hat der Eigentümer wegen Eigenbedarf gekündigt und der Besitzer unserer jetzigen Wohnung hat uns eröffnet, dass er sie verkaufen will. Wir werden die Wohnung aber nicht kaufen, weil wir für unsere Kinder zwingend einen Garten wollen. Es finden laufend Besichtigungen statt. Wir müssen damit rechnen, dass jemand kauft und uns wieder wegen Eigenbedarf gekündigt wird. Dem wollen wir zuvor kommen und uns ein Haus kaufen.“

Wenn Sie es schaffen, gemeinsam mit den Interessenten ein reelles, marktgerechtes Suchprofil zu erarbeiten, und Sie haben die passende Immobilie im Angebot, so werden Sie ein Haus verkaufen können, da bin ich sicher.

Denn was sind die entscheidenden Faktoren für den Immobilienkauf?

- Ein konkreter Anlass
- Ein klarer Termin

Planen die Interessenten den Hauskauf „irgendwann“, wird es schwierig zum Abschluss zu kommen. Kommt neben dem konkreten Anlass (in unserem Fall drohender Eigenbedarf) ein konkreter Termin hinzu (laufend Besichtigungen – Verkauf und Kündigung droht) ist die Motivation für den Kauf da.

Noch ein Beispiel aus der Praxis: Zum Verkauf steht ein Haus, welches vom Hochwasser 2013 betroffen war. Das gesamte Erdgeschoss war 1,80 Meter überschwemmt. Das sind denkbar schlechte Voraussetzungen, eine Immobilie - gerade mal ein Jahr später - zu verkaufen: Sie müssen diesen Mangel offenlegen.

Die Immobilie hat den Vorteil, dass sie recht zentrumsnah in ruhiger Lage steht. Trotzdem winken alle Interessenten aus Angst ab. Nun kommt ein Geschäftsführer, der schon seit einigen Monaten in der Stadt arbeitet. Da er auch Gesellschafter des Unternehmens wird, wird er in der Stadt bleiben. Der Mann hat eine Frau und zwei Kinder. Er muss die Familie, die 700 km entfernt wohnt, nachholen. Die Gespräche für die Haussuche finden im April statt. Es stellt sich heraus, dass die älteste Tochter die 4. Klasse besucht, ins Gymnasium übertreten soll, im September in Bayern Schulbeginn ist und man bis dahin ein Haus bezogen haben will. Erschwerend kommt hinzu, dass der Mann zentrumsnah wohnen möchte, weil er vorhat, mit dem Fahrrad zur Arbeit zu fahren. Na bitte: konkreter Anlass – konkreter Termin.

Man kann als Makler dem Verkaufsglück in diesem Beispiel insofern nachhelfen, in dem man eine Versicherung findet, die bereit ist, die Immobilie gegen Elementarschäden (mit einer Selbstbeteiligung von 5.000 Euro) zu versichern.

Merksatz: Prüfen Sie, warum die Leute kaufen wollen. Das ist ein konkretes Beispiel dafür, wie auch eine Problemimmobilie an den Mann gebracht werden kann.

Es ist von elementarer Wichtigkeit in einer sehr frühen Phase des Gesprächs zu erkennen, ob Sie jemanden vor sich haben, der auch wirklich kaufen will. Sie vergeuden sonst nur Zeit, die Sie anderweitig sinnvoller einsetzen können. Der Klassiker:

- Junges Ehepaar, das zur Miete wohnt
- Man träumt vom eigenen Haus mit Garten
- Die Wohnung ist ungekündigt, man hat keinerlei Druck
- Man weiß nicht genau was man will: neu bauen, ein altes Haus kaufen und sanieren oder ein neuwertiges Haus kaufen.

Sie sollten hier sehr schnell herausfinden

- Ob die Interessenten einfach in Ruhe den Markt sondieren und möglicherweise erst in Jahren kaufen oder vielleicht lieber ein Eigenheim bauen werden.
- Oder ob eine Entscheidung doch schon zeitnah getroffen werden soll.

Denn klar ist, dass die Leute bereitwillig mit Ihnen sämtliche Immobilien, die Sie im Bestand haben, besichtigen. Sie wollen sich ja einen Überblick darüber verschaffen, was der Markt bietet und wie die Preise sind. Besichtigen Sie des Zeigens willen, oder weil Sie verkaufen wollen? Machen Sie sich immer wieder bewusst: Die Besichtigung ist die Vorstufe zum Abschluss. Wenn der Interessent aber nicht abschließen will, warum dann besichtigen?

Grundsätzlich selektieren Sie schon am Telefon aus und treffen sich nur mit Kunden, wenn Sie der Meinung sind, dass die Interessenten auch wirklich kaufen wollen. Spätestens beim persönlichen Gespräch muss klar sein, dass die Kunden zu kaufen beabsichtigen und auch kaufen werden. Wenn Sie sich dessen nicht sicher sind, machen Besichtigungen nach dem Motto: „Ich bin mir zwar nicht sicher, was sie wollen, aber vielleicht kaufen sie ja doch", wirklich Sinn? Sparen Sie sich Zeit und schonen Sie Ihre Nerven.

Nehmen wir an, Sie haben zehn Interessenten nacheinander innerhalb einer Woche, mit denen Sie zwar Immobilien besichtigen, aber nichts dabei herauskommt. Die Leute wollten sich die Immobilien einfach mal ansehen nach dem Motto: „Ansehen kostet ja nichts." Es kostet schon etwas, nämlich Ihre wertvolle Arbeitszeit und was noch viel schlimmer ist: Ihre Motivation!

Denken Sie darüber nach wie Sie sich fühlen, wenn Sie in einer Woche drei Abschlüsse haben. Sie könnten Bäume ausreißen. Sie gehen völlig locker und selbstsicher in das nächste Auftragsgespräch, weil Sie wissen, dass Sie es können.

Jetzt stellen Sie sich vor, Sie hatten die zehn „Interessenten", die nicht gekauft haben. Nach jeder Besichtigung denken Sie sich: „Bin ich ein Depp. Warum bin ich mit den Leuten überhaupt zur Besichtigung gefahren?" Und was noch viel schlimmer ist: Sie sind niedergeschlagen, weil kein Abschluss realisiert wurde. Wie läuft unter diesen Voraussetzungen Ihr nächstes Auftragsgespräch?

Sehen Sie Ihre Motivation als Konto mit einer Soll- und einer Habenseite. Wenn Sie Ihrem Motivationskonto ständig negativen Erlebnisse zuführen, brauchen Sie sich nicht zu wundern, dass Ihr Konto tief im Minus steht, Ihr Selbstvertrauen am Boden ist und Sie eine Negativspirale in Gang setzen. Aber genau so funktioniert das Spiel auf der Habenseite. Wenn Sie einen klaren Plan haben und sich angewöhnen, dass Sie alleine entscheiden, ob besichtigt wird oder nicht, ob ein Gesprächstermin stattfindet oder nicht, so haben Sie ein ganz anderes Selbstvertrauen.

Sie können nicht alle Immobilien „mögen". Warum beschäftigen Sie sich nicht mit den Objekten, die Ihnen Spaß machen? Erinnern Sie sich noch an den letzten Verkauf eines Objektes, in das Sie sich richtig verliebt hatten? Sie hatten den Auftrag zum Verkauf einer tollen Villa im Bauhaus-Stil. Sie wollten nicht jedem Interessenten dieses schöne Haus zeigen. Besichtigungen bereiteten Sie akribisch vor. Klar: es gab eine Menge Anfragen zum Angebot. Sie filterten die Interessenten, trafen Sie mit acht Kunden zum Gespräch bei Ihnen im Büro. Mit drei Interessenten kam es zu Besichtigungen. Der Dritte hat das schöne Anwesen gekauft.

War das „Arbeit" für Sie? Nein. Sie hatten Spaß daran. Sie lernten interessante Menschen kennen und führten nette Gespräche. Das macht den Unterschied – beschäftigen Sie sich nur mit Dingen und Personen, die Ihnen liegen.

Ob ich damit sagen will, dass Sie mit allen Leuten, die Ihnen nicht sympathisch sind keine Geschäfte machen sollten? Nein, natürlich nicht, denn beleidigt oder arrogant sein ist ein Luxus, den man sich im Geschäftsleben nicht erlauben kann!

Aber dazu folgendes Beispiel:

Einer meiner Kollegen bat mich, für ihn einen Termin beim Notar zur Unterzeichnung eines Kaufvertrags wahrzunehmen. Es ging um den Verkauf einer Eigentumswohnung. Alles war vorbereitet. Anwesend war nur das Käuferehepaar. Die Verkäufer würden bei deren Notar nachgenehmigen. Ich sollte für sie handeln.

Ich kam also zum Termin in die Kanzlei und stellte mich freundlich vor. Sofort hatte ich bei dem Mann ein sehr ungutes Gefühl, ließ mir aber nichts anmerken. Der Mann war Jurist, Richter am Oberlandesgericht und etwa sechzig Jahre alt. Ich fand schnell heraus, dass er eine ganz ungewöhnliche Macke hatte: er musste sich vor seiner Frau insofern profilieren, in dem er andere niedermachte. Los ging es, dass er mir noch im Wartezimmer des Notars Fragen stellte, von denen er wusste, dass ich sie nicht beantworten konnte, wie: Wann war die letzte Dachsanierung, wie lange ist der Hausmeister schon als solcher angestellt usw.

Ich sagte: „Lieber Käufer, ich kann Ihnen diese Fragen nicht beantworten. Ich verkaufe in unserem Unternehmen nur Häuser und Grundstücke. Ich kenne weder die Wohnung über die wir sprechen noch die näheren Umstände. Der Kaufvertrag wurde von meinem Kollegen professionell vorbereitet. Sie haben rechtzeitig den Entwurf des Kaufvertrags und alle geforderten Unterlagen erhalten. Wenn Ihnen diese Fragen wichtig sind, verstehe ich nicht, warum Sie diese nicht im Vorfeld gestellt haben. Dann wäre ausreichend Zeit gewesen sie zu klären. Verlangen Sie bitte keine Informationen von mir, die ich Ihnen nicht geben kann."

Es folgten zwei oder drei Kommentare zu seiner Frau nach dem Motto, was denn das für ein „Makler" sei, der unvorbereitet zu einer Verbriefung kommt. An diesem Punkt war ich auf hundertachtzig, ließ mir aber immer noch nichts anmerken. Der Notar bat uns ins Beurkundungszimmer. Es kam, wie es kommen musste. Auch der Notar bekam sein Fett weg. Er, der Käufer, der ja selbst Jurist war, diskutierte bestimmt fünfzehn Minuten lang mit dem Notar über verschiedene Formulierungen im Kaufvertrag. Ich hörte mir das Ganze geduldig an. Nach dieser Zeit hatte ich die Nase voll. Ich sagte dem Käufer: „Guter Mann, Sie haben vor zwei Wochen den Entwurf des notariellen Kaufvertrages erhalten. Der Sinn des Versendens dessen ist der, dass sich die Beteiligten den Vertragstext ansehen, Fragen stellen und Ergänzungswünsche äußern, die dann nach Machbarkeit selbstverständlich in den Vertrag eingearbeitet werden. Wenn der Verkäufer heute anwesend wäre, ist es selbstverständlich möglich, Änderungen im Vertrag vorzunehmen, wenn sie keinen der Beteiligten benachteiligen und beide diesen zustimmen. Da der Verkäufer aber heute nicht da ist, Sie den Vertrag so nicht unterschreiben wollen und gravierende Änderungen verlangen, die ich wiederum ohne Zustimmung des Verkäufers nicht unterschreiben werde, brechen wir diesen Termin jetzt ab."

Dem Mann fiel das Gesicht herunter, darauf können Sie wetten. Damit hatte der Prahler nicht gerechnet. Der Notar lächelte still in sich hinein und ich sah ihm an, dass er am liebsten laut losprusten wollte. Der Mann versuchte jetzt mit mir noch zu diskutieren, aber der Zug war abgefahren.

Was glauben Sie, wie ich mich nach der Aktion fühlte? Schlecht? Oh nein, ganz im Gegenteil! Es bestärkte mich in meiner Grundeinstellung für meine Gespräche mit Kunden. Ich bin gern bereit, fast alles für Suchende und Verkaufswillige im Rahmen meiner Möglichkeiten zu tun. Dann, wenn es für beide Seiten Sinn macht. Aber ich lasse mich nicht für dumm verkaufen und drücke dann voller Überzeugung auf den Stopp-Knopf, wenn ich der Meinung bin, dass es besser so ist. Lernen Sie, Nein zu sagen. Machen Sie nicht alles! Ihr Selbstvertrauen wird es Ihnen danken.

Als junger Makler lernte ich einen erfolgreichen Kollegen bei Tagungen kennen. Ich war damals Anfang zwanzig, der Kollege Anfang vierzig. Er sah blendend aus, war sehr schlank, trieb Sport, hatte eine große, erfolgreiche Makleragentur, war Immobiliengroßbesitzer und mehrfacher Millionär. Der Mann stammte aus Schwaben. Schon früh hatte ich mir angewöhnt, Menschen Fragen zu stellen. So interessierte mich, von diesem Kollegen zu erfahren, wie er es denn angestellt hatte, so erfolgreich zu werden.

„Wissen Sie junger Freund," sagte er, „der große Erfolg kam, als ich mich dazu entschied dem Abteilungsleiter unserer hiesigen Automanufaktur die Penthouse-Wohnung, die er kaufen wollte, nicht zu verkaufen".

Ich war platt, das können Sie sich vorstellen. Ich fragte nach und erfuhr, dass die Wohnung 480.000 DM (das Gespräch war ca. 1989, damals hatten wir noch die alte Währung) kostete. Ich rechnete mir im Kopf sechs Prozent Provision aus und war schockiert ob der Entscheidung. Einfach so wurden 30.000 DM Provision ausgeschlagen. Mein Vorbild erklärte mir aber weiter folgendes:

„Mein Ziel war es, der Makler für die Leute vom Management zu werden. Denn ein Dreihunderttausender (jemand der dreihunderttausend netto im Jahr verdient) kennt zwanzig andere Dreihunderttausender. Mit diesen Leuten wollte ich arbeiten. Glauben Sie, die Manager hätten mit mir gesprochen, wenn ich deren Abteilungsleiter eine Wohnung verkauft hätte?"

Natürlich hatte er Recht. Nachdem er mit fast jedem der ersten und zweiten Führungsriege des Konzerns Kontakt hatte und Geschäfte machte, brachten ihm diese neue Kunden von anderen Konzernen. Fortan konzentrierte er sich auf dieses Klientel und machte nichts anderes mehr. Es gingen Villen für siebenstellige Kaufpreise über den Tisch, aber auch Anlageimmobilien. Gerade diese Klientel ist nicht dafür bekannt, besonders sesshaft zu sein. So ergab sich durch Zu- und Wegzug laufend neues Geschäft. Er hatte natürlich in seinem Unternehmen Makler, die das „normale" Geschäft machten. Aber der Firmeninhaber war nur für die erlauchtere Kundschaft zuständig.

Was hat er also für seinen Erfolg getan: Er hat Nein gesagt!

Just diese Woche rief mich ein Ehepaar aus München an, das in meiner Gegend ein Haus kaufen will. Sie interessierten sich für eine bestimmte Immobilie aus meinem Angebot. Was wollte das Paar? Natürlich, sofort die Immobilie besichtigen. Wie immer stellte ich am Telefon meine Fragen und merkte,

- dass die Immobilie nicht passt.
- dass es generell schwierig wird, dem Paar etwas zu verkaufen.

Ich entschied mich dafür, mit dem Ehepaar nicht weiter zu machen.

Am nächsten Tag rief mich der „Interessent" erneut an. Er sei mit seiner Frau am kommenden Freitag in meiner Stadt und wolle sich um 15:00 Uhr mit mir in meinem Büro zu einem Gespräch treffen. Da ich keinen Termin hatte, stimmte ich zu.

Um 14:15 Uhr an diesem Freitag, also fünfundvierzig Minuten vor unserem Termin, rief der Mann an und erklärte, er sei jetzt gerade in dem Ort, wo sich die angebotene Immobilie befindet. Ich möge doch so freundlich sein, jetzt gleich vorbei zu kommen, damit man gemeinsam zur angebotenen Immobilie fährt.

Ich war nicht so freundlich! Ich sah nicht ein, dass ich mit Menschen treffe,

- die ich nicht kenne,
- von denen ich nicht weiß, was sie suchen und kaufen wollen,
- deren finanzielle Verhältnisse nicht geklärt sind,
- von denen ich nicht weiß, ob sie überhaupt kaufen wollen,

um eine Immobilie zu besichtigen.

Ich berief mich darauf, dass wir für 15:00 Uhr einen Gesprächstermin in meinem Büro vereinbart hätten und ich an dieser Planung festhalten möchte.

Die Leute kamen dann wie vereinbart zu mir. Nach dem zwanzigminütigen Gespräch brauchte ich erst einmal einen starken Kaffee zur Beruhigung. Es kann schon sein, dass das Ehepaar irgendwann und irgendwo einmal eine Immobilie kaufen wird. Aber es war schnell klar, dass die Immobilie, wegen der sie mich kontaktiert hatten, das genaue Gegenteil von dem war, was sie suchten. Und mir war auch klar, dass ich nicht der Makler bin, der ihre Suche begleitet.

Gehen Sie den Tagesablauf der Interessenten durch

Ja, Sie lesen richtig! Wenn Sie den Interessenten eine für sie passende Immobilie vermitteln sollen, müssen Sie wissen, wie diese genutzt werden soll. Hierbei sind alle Details wichtig wie

- Wer steht wann auf?
- Ist jemand tagsüber zu Hause?
- Arbeitet der Mann von zu Hause aus und braucht er ein Home-office?
- Ist ein Einliegerbereich notwendig für Oma, Besuch, älteres Kind oder Kleingewerbe?
- Haben Mann und/oder Frau Schichtarbeit und schlafen tagsüber?
- Kommt einer der Ehepartner oft nachts spät nach Haus und ist deshalb vielleicht ein zweites Schlafzimmer mit eigenem Bad notwendig?
- Sind die Leute sehr lärmempfindlich?
- Gibt es Haustiere, die Freilauf brauchen?
- Haben die Leute Hobbies, für die sie Platz benötigen wie bspw. Modelleisenbahn, kleine Schreinerwerkstatt, Wellnessbereich, Fitnessgeräte usw.?
- Wie viele Fahrzeuge müssen untergebracht werden?

Die genaue Kenntnis der Lebensumstände der potenziellen Käufer ist das A und O für den Verkaufserfolg. Nur wenn die Immobilie zum Leben der Leute passt, kommen Sie zum Abschluss. Es hilft weder Ihnen noch Ihren Kunden, wenn Sie sich gemeinsam zig Immobilien ansehen nach dem Motto: Schauen wir mal, vielleicht passt es ja!

Vergessen Sie das! Die Leute wollen ein Haus kaufen, in dem sie 20, 30 oder 40 Jahre leben werden. Glauben Sie, dass ein Wellness-Freak ein Haus kauft, in das er keine Sauna, keinen Pool oder keinen Whirlpool (je nach dem was ihm wichtig ist) stellen kann? Er wird es nicht tun. Das Gleiche gilt, wenn eine Frau ihre Mutter mitnimmt und für sie eine Einliegerwohnung braucht. Wenn Sie in diesem Fall ein Haus anbieten, das über keine Einliegerwohnung verfügt, wird keine Kaufentscheidung getroffen.

Verlangen Sie von den Interessenten nichts, was diese nicht leisten können. Je genauer Sie die Lebensumstände der Menschen kennen, desto schneller kommen Sie zum Verkaufserfolg und der Suchende zu seiner Immobilie.

Emotionale Kaufgründe

Die Menschen kaufen kein Haus oder Wohnung. Aber was kaufen sie?

- Wohlbehagen
- Sicherheit für die Familie
- Lebensqualität
- Freiraum für ihre Ideen
- Ruhe
- Platz
- Entfaltungsfreiheit
- vielleicht Prestige
- Luxus

und so weiter.

Wenn Sie die emotionalen Kaufgründe herausfinden, haben Sie den Schlüssel zum Verkaufserfolg! Die genaue Kenntnis derer ist der mächtigste Hebel zum Abschluss.

Stellen Sie sich den Wellness-Freak vor. Der Mann träumt davon, dass er nach einem anstrengenden Arbeitstag in seinem Hallenbad zu Hause ein paar Bahnen schwimmt und sich anschließend in der Sauna oder im Whirlpool erholt. Bieten Sie eine solche Villa jemanden an, der damit nichts anfangen kann oder dem diese Dinge nicht wichtig sind, wird dieser die hohen Betriebskosten als Gegenargument für den Kauf ins Feld führen. Aber was interessieren jemand, der genau darin Entspannung und Erholung findet, die Betriebskosten seines Paradieses?

Oder denken Sie an eine kleine Ranch mit Scheune und Stall. Jemand, der nur ein Haus sucht, wird sich das nicht antun. Aber lassen Sie die Interessenten zwei Pferde haben. Meinen letzten Bauernhof habe ich an ein junges Ehepaar verkauft. Er: Bauingenieur, 31 Jahre alt. Sie: angehende Lehrerin, 24 Jahre alt. Die beiden standen kurz vor der Hochzeit. Sie hatte zwei Pferde, die irgendwo eingestellt waren. Das Paar hatte das Anwesen wegen des Stalls und der Scheune, des Reitplatzes und den Ausreitmöglichkeiten wegen gekauft. Glauben Sie, dass die Zimmergrößen, die Isolation des Gebäudes, kleinere Baumängel usw. hier eine Rolle bei den Gesprächen gespielt haben? Keinesfalls. Das Wohnhaus war zwar nicht unwichtig, aber man ließ es völlig außen vor. Der Mann sagte, dass er die Dinge, die nicht passen, so umbauen wird, dass es passt. Sie wollte das Anwesen und er wollte sie glücklich sehen. Happy wife – happy life!

So einfach ist das, wenn man die emotionalen Kaufgründe kennt. Verwenden Sie im Erstgespräch so viel Zeit wie nötig darauf diese herauszufinden. Finden Sie die emotionalen Kaufgründe heraus und Sie kommen schnell und unkompliziert zum Abschluss!

Aber will ich damit sagen, dass man den Gefühlssturm des Suchenden ausnutzen und ihn zu einem vorschnellen Abschluss drängen soll, welchen er dann später bereut? Will ich also damit sagen, dass man den Kunden über den Tisch ziehen soll? Aber nein, keinesfalls. Sie sind der Immobilienprofi. Sie erarbeiten mit dem Suchenden ausführlich, was er kaufen will, was er kaufen kann und wo die Emotionen liegen. Wenn Sie die Immobilie haben, die für den Kunden passt, also die Sie im Verkaufsprozess für den Suchenden passend machen können, dann verkaufen Sie ihm diese! Er wird Ihnen dankbar sein dafür, dass Sie ihm bei seiner Entscheidung geholfen haben.

Aber wie finden Sie die emotionalen Kaufgründe im Gespräch heraus? Zunächst sollten Sie für das Erstgespräch mit dem Kunden so viel Zeit wie notwendig einplanen. Schlecht ist, wenn Sie unter Druck stehen. Auch wenn Sie das nicht sagen, zeigen Sie das durch Ihre Körpersprache. Der Interessent merkt es und kann nicht frei sprechen. Genau das muss er aber können, damit er sich Ihnen öffnet. Nur so kommen Sie an die Informationen die Sie brauchen.

Denken Sie vor allem an diesem wichtigen Punkt des Gesprächs immer daran, dass Sie dem Kunden helfen wollen zu seiner passenden Immobilie zu kommen. Es ist Ihre Herzensangelegenheit, den Leuten zu helfen. Sie wollen Ihre Dienstleistung so gut wie möglich erledigen. Eine Frage - auch und gerade wenn es um Emotionen geht - gilt erst dann als beantwortet, wenn Sie sich sicher sind, was Ihr Gegenüber möchte.

Jeder Interessent ist anders! Es gibt hier kein Schema F. Aber genau das ist so spannend an unserem Beruf. Nur wenn Sie sich wirklich und ehrlich für die Leute interessieren, werden Sie schneller und besser verkaufen. Denn wenn das Gespräch auf der beschriebenen Basis läuft, wissen Sie

- welche Immobilie Sie dem Kunden anbieten können.
- welche Immobilie er kaufen wird.

Und wenn Sie wissen, dass eine Immobilie aus Ihrem Bestand auf das Suchprofil des Kunden passt, werden Sie sich auch mit allem was Sie haben ins Zeug legen und dem Kunden das Haus verkaufen. Was passiert denn, wenn Sie die emotionalen Kaufgründe des Kunden nicht kennen? Sie fahren zu einer Immobilie mit den Interessenten, leiern Ihre Besichtigung herunter, die natürlich so endet, dass der Kunde nicht kauft. Und Sie wissen nicht mal warum.

Sie führen mit dem Kunden das Erstgespräch in Ihrem Büro und kommen zu dem Punkt, an dem es spannend wird. Sie sagen:

„Herr Kunde. Ich weiß von Ihrer Frau und Ihnen jetzt wie Sie wohnen, wo Sie arbeiten, ich kenne Ihre finanziellen Verhältnisse und wir haben uns über Ihren Tagesablauf unterhalten. Sie haben mir erzählt, dass Sie in einem gemieteten Haus wohnen. Was hat Sie dazu veranlasst über den Kauf eines Hauses nachzudenken?“

Kunde: „Wir wohnen, wie besprochen, in einem Haus zur Miete. Grundsätzlich ist das Haus in Ordnung. Aber wir haben uns aus verschiedenen Gründen entschlossen, selbst ein Haus zu kaufen. Wir wollen endlich unser eigener Herr sein (Emotion: Unabhängigkeit). Wenn wir an unserem jetzigen Haus selbst Kleinigkeiten ändern möchten, müssen wir unseren Vermieter fragen. Letztens haben wir nur die Wand beim Hauseingang neu gestrichen. Schon erhielten wir einen Rüffel. Meiner Frau gefällt das Bad nicht. Sie fühlt sich nicht wohl, weil die Ausstattung über dreißig Jahre alt ist und einfach nicht mehr zeitgemäß. Sie träumt von einem schönen, hellen, modernen Bad mit großer Badewanne, bodenebener Dusche und einem Waschtisch mit Unterbau (Emotion: Wohlbefinden). Es ist egal, ob das neue Haus dieses Bad schon hat. Aber wir hätten dann die Möglichkeit, dies so zu gestalten wie wir möchten. Außerdem liegt unser jetziges Haus in der Nähe einer befahrenen Straße. Wir lassen unsere Kinder mit den Fahrrädern jetzt fast gar nicht hinaus, weil wir uns unsicher fühlen, wenn sie unterwegs sind (Emotion: Sicherheit). Unser neues Haus soll in einer normalen Siedlung stehen, wo nur Anliegerverkehr herrscht und die Kids Spielgefährten finden."

Ehefrau: „Ja, das stimmt. Dazu kommt auch, dass ich gern koche. Unsere jetzige Küche ist eine finstere Abstellkammer. Wenn mein Mann abends nach Hause kommt genießen wir es, wenn wir uns während des Kochens unterhalten. Wir fühlen uns in unserer jetzigen Küche sehr beengt. Unser neues Haus muss einen offenen Wohn- Ess- Kochbereich haben." (Emotion: Wohlbefinden-Behaglichkeit).

Kunde: „Mir ist Licht und Helligkeit sehr wichtig. Ein Haus im Landhausstil mit dunklem Holz, massivem Balkon und kleinen Fenstern ist nichts für mich. Gerade in der kalten Jahreszeit ist Licht wichtig für mein Gemüt. Unser neues Haus muss nicht zwingend im ultramodernen Bauhaus-Stil gebaut sein. Aber große Fenster sind uns wichtig. Gern darf das Haus eine große Glasfläche in der Fassade haben, die möglicherweise in das

	Dach hineinreicht. Man bekommt auch die Jahreszeiten viel mehr mit, wenn man nach draußen sieht."
Ehefrau:	„Genau. So kann ich auch die Kinder im Garten beobachten, während ich im Haus was mache."
Makler:	„Heißt das, wenn ich Ihnen ein Landhaus mit offenem Wohn- Eß- Kochbereich anbieten kann, welches sich genau in den Gebieten befindet, die Sie bevorzugen, der Zustand entsprechend ist, die Grundstücksgröße passt und sich das Haus an einer ruhigen Straße liegt, Sie das Haus nicht kaufen würden?"
Kunde:	„Ja, genau. Ein Landhaus ist nichts für uns."

Merken Sie etwas? Das ist der Unterschied zu *„… fahren wir halt einfach einmal hin und sehen es uns an. Vielleicht haben sie ja doch Interesse."*

Sie arbeiten nach den Möglichkeiten und dem Bedarf die Emotion heraus. Sodann führen Sie nur Besichtigungen durch, die auch Sinn machen. Denn eines ist sicher: Wenn Sie einfach so besichtigen, ohne die emotionalen Kaufgründe zu kennen, erleben Sie Frust. Wenn Sie aber in genauer Kenntnis derer besichtigen, erleben Sie Lust, nämlich Lust am Verkaufen.

Sie wissen nicht, wie Sie das Gespräch auf diesen absolut wichtigen Punkt lenken sollen?

Es gibt zu diesem wichtigen Teil des Gesprächs gute Hilfsmittel wie z. B. das „house hunting poster" von Frank Winnig. Dieses A 3 Poster zeigt ca. dreißig Bilder zu verschiedenen Bereichen und Situationen. Klar geht das nicht bei allen Leuten. Wenn jemand Informationen absolut schlecht visuell, sondern mehr auditiv aufnimmt, werden Sie damit keine Chance haben. Aber einen Großteil Ihrer Gesprächspartner werden Sie damit zu einem guten, für Sie sehr interessanten Gespräch führen können.

Auf einem Bild ist z. B. eine Küche zu sehen. Jede Frau wird dazu Ihren Kommentar abgeben, und Sie wissen danach sehr genau, welche Küche gewollt und welche ein „no go" ist. Auf einem anderen Foto ist ein Auto zu sehen. Plötzlich rückt der Mann damit heraus, dass er von einer großen Garage träumt, in welcher er seinen Oldtimer, den er bei einem Bekannten untergestellt hat, reparieren kann. Ein weiteres Bild zeigt spielende, lachende Kinder. Sie erfahren, dass Ihre Gesprächspartner beide seit Jahren verheiratet sind, in Führungsposition arbeiten und keine Kinder wollen. Sie bevorzugen einen Standort, an dem wenige Kinder leben.

Versäumen Sie es dabei nicht, auch Informationen von sich preis zu geben. Das schafft Vertrauen. Sagen Sie z. B.: „Der mit den Füßen auf dem Wohnzimmertisch auf dem Bild in der Mitte könnte gut ich sein."

Wenn Sie Ihre Kundengespräche so führen, passiert folgendes: Sie werden Ihre Besichtigungen um siebzig bis achtzig Prozent reduzieren! Ist das schlecht? Nein, keineswegs. Sie besichtigen ab sofort nur noch mit Interessenten, deren Kaufmotive Sie kennen!

Nehmen wir an, Sie haben die passende Immobilie momentan nicht im Angebot. Alles können Sie nicht haben. Dann ist es selbstverständlich, dass Sie diesen von Ihnen geprüften Suchenden in Ihre Kartei aufnehmen. Auch hier ist es so, dass sich Ihre Suchkartei deutlich reduzieren wird, denn: Nehmen Sie nur noch Interessenten in Ihre Datenbank auf, die Sie persönlich und deren Kaufmotive Sie kennen.

Nehmen wir an, Sie hatten ein Analysegespräch. Die passende Immobilie können Sie nicht bieten. Nach vier Wochen kommt ein Haus neu herein, welches wirklich zu fünfundneunzig Prozent dem Kaufwunsch der Interessenten entspricht. Sie rufen die Leute an:

„Liebe Kunden. Ist es noch so, dass Sie ein Haus welches maximal zehn Jahre alt ist und in der Weststadt liegt, suchen? Trifft es noch zu, dass das Haus fünf Zimmer, einen Keller, Doppelgarage und einen Garten haben soll? Weiterhin sollte der Standort nicht zu weit vom Zentrum, aber nicht sehr laut sein. Der Kaufpreis darf 480.000 Euro nicht übersteigen. Stimmen diese Kaufkriterien noch?"

Kunde: „Ja, Herr Makler. Genau nach so einem Haus suchen wir.“
Makler: „Gut. Dann lassen Sie uns am Freitag um 14:00 Uhr bei mir im Büro zusammentreffen. Wir besprechen zunächst die Unterlagen und können im Anschluss zum Haus fahren.“

Nennen Sie mir einen Grund, warum der Interessent das Haus nach dieser Vorbereitung nicht kaufen sollte!

Wichtig ist aber, dass Sie hier wirklich aussieben.

Letztens hat mich ein „Interessent“ innerhalb weniger Wochen wegen drei verschiedener Immobilien angerufen. Schon beim Ersttelefonat habe ich ihn „gelöchert“ und bestimmt fünfzehn Minuten mit ihm telefoniert. Ich wollte wissen, ob und was er kaufen will. Er hat mir erzählt, dass er eigentlich keinen Grund hat etwas zu kaufen, aber er schaue sich halt mal um. Ansehen kostet ja nichts (außer Ihrer Zeit und Ihren Nerven natürlich).

Beim ersten, beim zweiten und auch beim dritten Anruf erklärte ich ihm, dass die Immobilie, wegen der er anruft, nicht für ihn passt. Beim dritten Telefonat wurde er richtig sauer: „Herr Makler. Jetzt rufe ich zum dritten Mal an bei Ihnen und Sie sagen mir, dass das Haus nicht passt für mich. Wollen Sie nichts verkaufen?“

Makler: „Doch, natürlich.“
Kunde: „Dann zeigen Sie mir das Haus!“
Makler: „Nein, weil es nicht auf Ihr Suchprofil passt.“
Kunde: „Wie wollen Sie das denn beurteilen?“
Makler: „Sie sagten mir, dass Sie ein Haus mit moderner Ausstattung für maximal 200.000 Euro kaufen wollen. Dieses Haus kostet 195.000 Euro und muss vollständig saniert werden. Sie würden so bei 350.000 Euro landen. Es liegt also deutlich über Ihrem Budget.“
Kunde: „Schon. Aber ich möchte es mir mal ansehen.“

Makler: „Es macht keinen Sinn ein Haus anzusehen, das erkennbar nicht in Frage kommt.“

Kunde: „Wenn Sie mir das Haus nicht zeigen, rufe ich nicht mehr an bei Ihnen.“

Na bitte, geht doch! Lassen Sie sich nicht zu Aktionen überreden, die Sie nicht wollen.

Sie alleine entscheiden, ob besichtigt wird oder nicht. Und Ihr dauerhafter Gemütszustand wird es Ihnen danken. Sie werden, wenn Sie so arbeiten, als Neueinsteiger schnell erfolgreich werden und als alter Hase wieder Lust am Beruf finden.

Weiterhin werden Sie schwer überrascht sein, welchen persönlichen Bezug Sie plötzlich zu den Interessenten, die wirklich kaufen wollen, haben. Natürlich: die Kunden lassen bei Ihnen sprichwörtlich die Hosen herunter. Sie wissen fast wie ein Psychologe nahezu alles vom Interessenten was mit dem Hauskauf zusammenhängt. Der Vergleich mit dem Psychologen gefällt mir in diesem Zusammenhang überhaupt gut. Ähnlich müssen Sie sich sehen. Der Patient liegt auf der Couch (bei Ihnen wird das nicht der Fall sein, aber der Kunde kann ja auch im Sitzen reden) und erzählt. Der Arzt stellt Fragen, hört zu und macht sich Notizen. Am Ende seiner Analysen empfiehlt er eine Therapie. Genau so läuft das bei Ihnen. Wenn Sie genau wissen, wo der Bedarf liegt und wohin die Emotionen gehen, können Sie die Therapie (die passende Immobilie) vorschlagen.

6. Verknappung

Verknappung ist ein ganz entscheidender Punkt beim Immobilienverkauf. Versetzen Sie sich in die Lage des Interessenten. Der Suchende liest Angebote in der Zeitung, im Internet oder bei Maklern im Schaufenster. Was ist dessen subjektiver Eindruck? Es sind viele Immobilien im Angebot.

Dass das nicht so ist, zumindest nicht im Jahr 2017 in Universitätsstädten und in Ballungsräumen, weiß jeder, der sich mit Immobilien auskennt. Trotzdem ist dieser Gedanke zunächst im Kopf des Interessenten.

Grundsätzlich stellen Sie im Erstgespräch mit dem Interessenten fest, ob dieser reif ist für den Immobilienkauf oder nicht. Sollte die Antwort auf Ihre Frage: „Herr Interessent, wie lange suchen Sie schon nach einer für Sie geeigneten Immobilie und wann wollen Sie den Kauf abgeschlossen haben?“ folgende Antwort sein: „Herr Makler, wir suchen seit gestern früh um 8:00 Uhr und es dauert lange, bis wir uns zum Kauf entschließen“ sein, vergessen Sie diesen Suchenden.

Wie ein Apfel, den Sie zu früh vom Baum pflücken und der nicht schmeckt, machen Sie mit einem Interessenten, der noch nicht reif ist für einen Kauf, keinen Abschluss. Lassen Sie diesen ziehen und sich auf dem Markt orientieren. Bei einem Verkäufermarkt, wie er zurzeit in oben genannten Gebieten vorherrscht, macht es wenig Sinn, sich diese noch ganz frischen Interessenten auf Wiedervorlage zu legen. Bei einem ausgeglichenen Angebots- Nachfrageverhältnis dagegen umso mehr.

Aber auch bei "reifen" Interessenten kann man oft beobachten, dass das Fällen der letztendlichen Kaufentscheidung Schwierigkeiten macht. Grundsätzlich muss an dieser Stelle betont werden, dass Ihnen als Immobilienmakler eine hohe Verantwortung zukommt. Wenn Sie wissen, dass die Immobilie nicht zu diesem Käufer passt oder langfristig dessen finanzielle Möglichkeiten übersteigt, sollten Sie diese auch nicht zum Kauf empfehlen. Aber wenn Sie sicher sind, dass Objekt und Interessent zusammenpassen, ist es Ihre Aufgabe, den Abschluss herbei zu führen. Und Verknappung ist hier ein gutes Mittel.

Wann ist es leichter einen Abschluss zu erzielen? Wenn es einen einzigen Interessenten gibt und dem Interessenten das auch bekannt ist, oder wenn Sie mit zwei oder drei Interessenten in Verhandlungen stehen, die die Immobilie kaufen wollen? Ganz klar: bei Beispiel zwei sind Sie in der besseren Position. Nebenbei bemerkt: der Verkäufer hat Sie dazu beauftragt, seine Immobilie zum höchst möglich am Markt erzielbaren Preis zu verkaufen. Also sollten Sie fleißig die Vermarktung betreiben, um möglichst mehr als einen potenziellen Käufer für die Immobilie zu finden.

Wenn Sie mit den Anfragen, welche sich aus den üblichen Vermarktungskanälen ergeben, nicht zufrieden sind, sollten Sie über ein Bieterverfahren nachdenken. Eine solche Veranstaltung eignet sich zwar ausschließlich für leerstehende, jedenfalls nicht bewohnte Immobilien, für diese aber vorzüglich.

Wie bereiten Sie dieses vor?

- Vorlauf von mindestens vier Wochen
- Termin nicht zu lange ansetzen, maximal zwei Stunden
- Termin bewerben (Anzeigen, Internet, Anschreiben an Interessenten, Flyer)
- Unter keinen Umständen mit einzelnen Interessenten vor dem Termin besichtigen, alle

Interessenten sollen zum festgesetzten Termin erscheinen

- Beim Ortstermin werden keine Verhandlungen geführt
- Sie fordern jeden Interessenten auf, ein Gebot abzugeben
- Auf die Frage: „Wie hoch muss das Gebot sein?" ist die Antwort: „Bieten Sie nicht zu wenig, damit Sie auch die Chance haben, den Zuschlag zu erhalten.“

Sie sollten einen Vorlauf von vier Wochen haben, damit wirklich alle momentan Suchenden auf den Termin aufmerksam werden. Wichtig ist in jedem Fall, den Termin von der Zeit her nicht in die Länge zu ziehen. Denn das Wichtigste ist ja: die Interessenten sollen sich sehen! Wenn Sie nun von morgens um 9:00 Uhr bis nachmittags um 17:00 Uhr eine offene Hausbesichtigung durchführen, fällt der Verknappungseffekt weg, weil nur selten mehr als ein Interessent in der Immobilie sein wird. Aber bei einem Termin, der auf maximal zwei Stunden angesetzt ist wird das Gegenteil der Fall sein.

Sie dürfen sich sicher sein, dass einzelne Interessenten anrufen und fragen: „Herr Makler, ich habe zum festgesetzten Termin keine Zeit, interessiere mich aber ernsthaft für das Haus. Kann ich mir es nicht vorher ansehen?" Mein Rat: lassen Sie die Finger davon! Sie torpedieren die Veranstaltung vom Grundsatz her. Bleiben Sie hart. Sagen Sie: „Lieber Interessent, mit dem Auftraggeber wurde abgesprochen, dass alle Interessenten zum Termin kommen sollen. Eine vorzeitige Besichtigung ist mir nicht erlaubt."

Denn nur dann, wenn wirklich viele Menschen zum Termin erscheinen, hat der wirklich Interessierte die Motivation, die er braucht, um sich zum Kauf zu entschließen und möglichst auch noch zu einem vernünftigen Preis.

Sie bereiten zum Termin vorgedruckte Gebotszettel mit Briefumschlägen und eine Box zum Einwerfen vor. Machen Sie sich hier zum Grundsatz: bei diesem Termin werden keine Verhandlungen geführt.

Wie soll das auch funktionieren, wenn Sie mit jemanden über den Preis der Immobilie verhandeln und andere Interessenten hören mit? Sie torpedieren damit die Strategie, welche Sie zum erfolgreichen Abschluss führen wird. Denn klar ist, dass Sie bei einem zu erwartenden Erlös von z. B. 400.000 Euro auch Gebote von 120.000 Euro in Ihrer Box finden werden. Diese „Gebote" sortieren Sie sofort aus, es macht keinen Sinn mit weltfremden Leuten über ernsthafte Angelegenheiten zu reden.

Aber mit allen, die maximal 20 - 25 % unter dem gewünschten Preis bieten, treten Sie in Kontakt. Denn nach der Veranstaltung beginnt Ihre normale Maklertätigkeit. Sie vereinbaren mit jedem dieser Bieter einen persönlichen Gesprächstermin im Büro oder beim Interessenten und verhandeln über den Abschluss.

Aber wo liegt hier Ihr Vorteil im Vergleich zum normalen Anbieten einer Immobilie? Ganz klar: Der Interessent hat mit eigenen Augen gesehen, dass er nicht der Einzige ist, der den Ankauf des Hauses erwägt. Er weiß ja nicht, dass vielleicht nur noch ein bis zwei andere konkrete Bieter im Rennen sind. Gesehen hat er zwanzig Leute. Entsprechend werden Sie von einer starken Position weg verhandeln und klar kommunizieren, dass der Bieter den Zuschlag erhält, der das höchste Gebot abgibt. Das ist Verknappung pur.

Hier fällt mir eine Veranstaltung in dieser Art ein, welche ich mit meinem Unternehmen durchgeführt habe. Verkauft wurde eine Villa in guter Lage. Die Veranstaltung wurde wie beschrieben beworben. Es fanden sich viele Interessenten am Haus ein.

Wir haben uns hier aber etwas Besonderes einfallen lassen: es handelte sich wirklich um eine schöne Villa und wir wollten keinesfalls, dass Leute einfach so durchs Haus traben. Also stellen wir neben dem Haus einen Pavillon auf, Biertische, stellten Getränke und Snacks bereit sowie Malzeug für die Kinder. Die Interessenten wurden der Reihe nach von mir ins Haus gebeten, während die anderen draußen warten mussten. Mindestens zwei sind umgehend schimpfend gegangen, weil sie unbedingt jetzt und sofort ins Haus wollten. Wieder andere waren nicht bereit, vor der Begehung einen Bogen mit ihren Daten auszufüllen. Von all dem habe ich selbst im Haus nichts mitbekommen, weil ich mit den jeweiligen Interessenten sprach.

Haben wir durch diese Aktion Verknappung erreicht? Oh ja! Die Veranstaltung war ein voller Erfolg und brachte uns den passenden Käufer. Mein Unternehmen hat die wohlverdiente Maklerprovision erhalten und mir selbst hat das Ganze noch eine nette Einladung des Verkäufers ins Seehaus nach München eingebracht.

Merksatz: Setzen Sie alles daran, mehr als einen Interessenten zu finden. Ihre Verhandlungsposition verbessert sich dadurch um ein Vielfaches.

7. Positionierung

Stellen Sie sich eine Kutsche mit 4 Pferden vor. Haben Sie das Bild geistig vor Augen? Gut. Nun stellen Sie sich vor, dass jedes der vier Pferde an jeweils einer Seite der Kutsche steht. Was passiert? Jeder der Gäule versucht, die Kutsche in seine Richtung zu ziehen. Vielleicht schafft es das kräftigste Pferd, die anderen mit zu schleifen. Möglicherweise macht es auch einige Meter. Aber natürlich hat es dabei sehr viel Mühe, muss sich kolossal anstrengen und wird definitiv nicht weit kommen.

Ganz ähnlich verhält es sich, wenn Sie alles Mögliche machen. Wenn Sie Immobilienmakler sind, sollten Sie kein Hausverwalter sein. Nur dann, wenn Sie einer Sache konzentriert nachgehen werden Sie

- gut darin sein,
- zum Experten werden,
- sich einen Namen machen.

Natürlich ist es so, dass Ihr Kunde auch eine Finanzierung braucht, seine Immobilie versichern möchte und eventuell einen Bausparvertrag für die nächste Immobilie abschließt. Aber klar ist Folgendes: wenn Sie Finanzierungen machen, müssen Sie sich auch hier auskennen. Sie müssen Schulungen besuchen, Fachliteratur lesen, sich mit der Materie beschäftigen. Machen Sie das nicht, sind Sie nicht auf dem aktuellen Stand und beraten Ihren Kunden falsch.

Nicht nur, dass der Kunde nicht zufrieden ist und nicht wiederkommt. Er wird Sie negativ in seinem Bekannten- und Freundeskreis erwähnen. Und außerdem fehlt Ihnen die Zeit, die Sie hier aufwenden, für Ihr Kerngeschäft.

Besser ist, dass Sie sich ein Expertennetzwerk aufbauen. Sehen Sie zu, dass Sie mit einem Finanzierer arbeiten, dem Sie trauen können. So schicken Sie Interessenten, die zu Ihnen kommen immer dann, wenn sie noch nicht bei ihrer Bank waren, zuerst zu Ihrem Finanzierer. Die Klärung der finanziellen Möglichkeiten ist ohnehin eine der elementarsten Bestandteile Ihres Erstgespräches mit dem

Interessenten. Sie können mit Ihrem Finanzierer eine feste Vermittlungsprovision vereinbaren, die Ihnen zu bezahlen ist, wenn es zu einem Abschluss kommt. So profitieren Sie von der Empfehlung.

Da Sie sich unter Berücksichtigung der Positionierung nun voll und ganz Ihrem Auftrag, der Immobilienvermittlung, widmen können schaffen Sie es auch, zum Experten zu werden.

Sie

- besuchen Seminare,
- Fachschulungen,
- lesen Fachliteratur,
- tauschen sich mit Kollegen aus.

Das wichtigste aber ist zu überlegen:

- Was Sie verkaufen wollen.
- Wer Ihre Zielgruppe ist.

Ich habe das folgende Beispiel in diesem Buch an einer früheren Stelle schon einmal zitiert. Vor vielen Jahren sprach ich mit einem äußerst erfolgreichen Kollegen. Ich wusste, dass er beste Kontakte zu Vorständen von Automobilkonzernen hatte. Ich fragte ihn, wie er es geschafft hatte, so erfolgreich zu werden. Er gab mir folgende Antwort: „Weil ich einem Abteilungsleiter eines Autoherstellers damals die Eigentumswohnung, die er bei mir kaufen wollte, nicht verkauft habe."

Ich dachte zunächst, ich hätte mich verhört. Aber dann erklärte er es mir: Wenn ein Vorstand weiß, dass ein Makler mit Abteilungsleitern und anderen Angestellten arbeitet, sucht er sich einen anderen Makler.

Aber was hat der Kollege gemacht? Er hat sich positioniert! Er wollte speziell mit der Führungsriege arbeiten, nicht mit den gewöhnlichen Angestellten. Egal, ob man diese Einstellung mag oder nicht: Das ist Positionierung!

Entscheidend ist hier:

- Was Sie sich vorstellen können zu sein und zu verkaufen,
- was Ihnen Spaß macht!

Der zweite Punkt ist besonders wichtig - Spaß!

Daher: Überlegen Sie sich

- Mit welchen Immobilien Sie sich beschäftigen wollen.
- Mit welchen Auftraggebern Sie in Kontakt kommen wollen.
- Mit welchen Interessenten Sie arbeiten wollen.

Wenn Sie Villen lieben, so konzentrieren Sie sich auf diese Objekte. Glauben Sie, dass eine Besichtigung mit einem von Ihnen geprüften Interessenten dann zur Pflichtaufgabe wird, oder ob Sie dabei wirklich Spaß haben werden? Denn einher mit den Immobilien, die Sie anbieten, geht die entsprechende Zielgruppe.

Je mehr Sie im Vorfeld darüber nachdenken und je genauer Ihr Konzept hier ist,

- desto erfolgreicher werden Sie.
- desto mehr Spaß haben Sie.

8. Persönlichkeitsentwicklung

Als Immobilienmakler sollten Sie in der Lage sein, Führen zu können. Um das zu tun, ist es zwingend erforderlich, dass Sie eine starke Persönlichkeit sind.

Sind Sie eher der introvertierte Typ, der nicht gern auf andere Menschen zugeht? Wenn Sie nicht bereit sind, an sich zu arbeiten, so wechseln Sie besser den Beruf! Sie werden als Makler keinen Erfolg haben!

Oder stellen Sie sich eine wieder aufladbare Batterie vor. Was machen Sie, wenn die Batterie Ihrer Digitalkamera leer ist? Richtig. Sie laden sie in einem Ladegerät wieder auf. Wenn der Akku dann wieder voll ist, hat er volle Leistung und kann das gewünschte Gerät damit in Schwung bringen.

Genauso verhält es sich mit Ihnen. Am Anfang des Tages sind Ihre Akkus voll. Am Vormittag führen Sie zehn Telefonate und hören zehnmal ein „Nein". Mittags läuft eine Besichtigung schief. Sie stellen fest, dass der Interessent gar nicht zum Haus passt. Zu allem Überfluss macht er die Immobilie auch noch schlecht. Am Nachmittag platzt ein angesetzter Notartermin. Käufer und Verkäufer geraten im Vorzimmer des Notars in Streit. Trotz allen Bemühens schaffen Sie es nicht, eine Einigung zwischen den Parteien zu erzielen.

Sie kennen das sicher: wenn es nicht läuft, läuft es nicht. Ungemach kommt meistens konzentriert. Das Ganze geht vierzehn Tage in dem Stil weiter. Wenn Sie jetzt keine Möglichkeit haben, Ihre Akkus nachzuladen werden Sie scheitern. Denn jedes neue Gespräch fordert 100 % von Ihnen. Sie benötigen bei jedem Kundenkontakt Ihre volle Leistungsfähigkeit.

Welche Möglichkeit haben Sie, um sich wieder aufzuladen? Ich werde Ihnen einige Möglichkeiten aufzeigen.

Besuchen Sie Seminare

Glauben Sie mir: ich kenne die Argumente zu genüge. Keine Zeit, keine Lust oder beides. Da ist ein wichtiger Termin, der dem Seminar entgegensteht. Die Anfahrt ist zu weit und so weiter. Gestatten Sie mir an dieser Stelle eine Frage: Wer ist für Sie der wichtigste Mensch, mit dem Sie den Rest Ihres Lebens verbringen müssen? Sie selbst! Also sollten Sie zusehen, dass es Ihnen gut geht. Nur dann können Sie volle Leistung bringen. Als Teilnehmer eines guten Seminars

- lernen Sie von den Referenten zu dem Thema welches Sie interessiert alles Wissenswerte,
- können Sie sich mit Kollegen austauschen, sich besprechen, von deren Erfahrungen lernen.

Es gibt keine effektivere Art Fachwissen, Motivation und Kraft zu tanken als auf einem Seminar. Machen Sie es sich zum Ziel, einmal im Quartal ein Seminar zu besuchen. Suchen Sie sich das Thema aus, das Sie interessiert. Es muss nicht zwingend immer die Tagung des Maklerverbandes sein.

Lesen Sie Bücher

Im Jahre 1999 war ich schon seit zehn Jahren als Immobilienmakler tätig. Gut, ich war erfolgreich. Aber ich hatte keinen Plan, kein Konzept. Durch das Beschäftigen mit dem Thema Persönlichkeitsentwicklung kam Struktur in das Ganze. Ich entwickelte einen Lebensplan und fing an, an meiner Persönlichkeit zu arbeiten. Ich lernte, dass man Nein sagen können muss und dass das ein entscheidender Faktor für das eigene Wohlbefinden ist.

Durch Lesen kommen Sie zur Ruhe, regen Ihren Geist an und häufen Wissen an. Wenn Sie Bücher zum Thema Persönlichkeitsentwicklung lesen, werden Ihnen Lösungen und Vorgehensweisen präsentiert, welche Ihr Verhalten und Ihre Persönlichkeit beeinflussen. Und Sie ganz allein können die Themen auswählen und bestimmen, in welche Richtung der Zug fahren soll. Erlauben Sie mir an dieser Stelle wieder eine gewagte These aufzustellen: Wer nicht liest, wird nicht erfolgreich!

Denken Sie immer daran: Ihre Gegenwart ist das Ergebnis dessen, was Sie in der Vergangenheit getan haben. Ihre Zukunft wird das Ergebnis von dem sein, was Sie heute tun! Lesen Sie Bücher. Testen Sie es vier Wochen lang jeweils eine Stunde pro Tag. Ich wette mit Ihnen, dass Sie eine Veränderung an sich feststellen werden!

Hören Sie Audiodateien im Auto

Wie lange sitzen Sie pro Tag im Auto? 20 Minuten morgens zur Arbeit, 20 Minuten abends auf dem Weg nach Hause vielleicht, zwischendurch mal eine Stunde zum und vom Termin.

Im Laufe einer Woche oder eines Monats summieren sich diese Stunden. Nutzen Sie diese Zeit sinnvoll und hören Sie Audiodateien während der Fahrzeiten. Es werden von vielen guten Referenten Audioseminare – zu fast jedem Thema, das Sie interessiert – angeboten.

Machen Sie es. Sie werden vom Ergebnis überrascht sein. Ich habe bereits vor vielen Jahren bemerkt, dass ich ganz anders beim Kunden auftrete, wenn die Akkus vorher durch positiven Input aufgeladen wurden.

Schauen Sie DVDs

Für dieses Medium gilt das, was ich bereits zum Lesen geschrieben habe. Folgendes möchte ich herausstellen:

- Wenn Sie die DVD einmal sehen, haben Sie sie gesehen.
- Wenn Sie die DVD 10 mal sehen, wissen Sie, worum es geht.
- Wenn Sie die DVD jede Woche sehen, wird das, was der Referent sagt zum Teil Ihrer Persönlichkeit!

Es gibt keine einfachere, effektivere und bessere Art

- so zu werden wie Sie sein wollen,
- jeden Tag motiviert zu sein.

Machen Sie sich einen Zeitplan. Legen Sie fest, wann Sie welche Persönlichkeitsentwicklungs-Aktivität ausführen wollen. Und dann gehen Sie es an! Ich versichere Ihnen: Sie werden den Erfolg sehr bald merken.

9. Training

Wenn Sie ein erfolgreicher Immobilienmakler werden möchten, müssen Sie trainieren. Ja, Sie lesen richtig: sie müssen trainieren. Training ist nicht nur Sportlern vorbehalten. Wenn Sie nicht bereit sind zu trainieren, werden Sie es in Ihrem Beruf nicht weit bringen. Ihre Leistungen werden nachlassen!

Lassen Sie mich noch einmal das in einem Vorkapitel erwähnte Beispiel mit der Batterie zitieren. Ihr Akku-Füllstand wird täglich geleert. Daran können Sie nichts ändern. Sie werden automatisch träge, sind nicht mehr locker und stumpfen ab. Wenn das Training bei einem Spitzenfahrer der F 1 sich in 100stel gewonnenen Sekunden auszahlt, ist es bei Ihnen der ein oder andere Kaufvertragsabschluss mehr.

Gewöhnen Sie sich an, mindestens 30 Minuten lang täglich zu trainieren! Wie machen Sie das? Wie trainieren Sie unkompliziert und effektiv?

Mein Lieblings-Training sind Videos. Es gibt Videomaterial von Immobilien-Verkaufstrainern. Hier können Sie ganz entspannt und unkompliziert Wissen erhalten. Aber schauen Sie das Video nicht nur einmal! Durch das ständige Wiederholen sorgen Sie dafür, dass Verbindungen zwischen Synapsen im Gehirn entstehen. Durch das ständige Wiederholen einer bestimmten Tätigkeit werden die Verbindungen zwischen den Synapsen geschaffen. Am Anfang sind es Trampelpfade, dann Wege, eine Anliegerstraße, eine Landstraße und am Schluss eine Highspeed-Datenautobahn. Schauen Sie die Videos immer und immer wieder.

Legen Sie sich einen Fundus von Videos an, so können Sie diese z. B. im 7-Tages-Rhythmus durchwechseln. Ich schaue solche Videos vorzugsweise alleine, weil ich mich hierbei am besten entspannen kann. Der Rhetorik-Trainer Nikolaus Engelmann sagt dazu: „Im Zustand der Entspannung ist das menschliche Unterbewusstsein formbar wie Wachs." Ich kann das bestätigen. Diese Videos gehen 1:1 auf mein Verhalten über. Wenn ich direkt im Anschluss an das Video-Training ein schwieriges Kundengespräch habe, bin ich souveräner, gelassener und viel ausgeglichener.

Aber Sie können die Videos auch gemeinsam mit Kollegen schauen und darüber diskutieren. Finden Sie heraus, was am besten wirkt bei Ihnen.

Rollenspiele: Machen Sie ein Rollenspiel mit Kollegen. Einer ist der Makler, der andere der Interessent. Versuchen Sie dabei wirklich ernst zu bleiben. Der „Interessent" muss bei diesem Training wirklich in die Vollen gehen. Nur so werden Sie gefordert und müssen sich anstrengen. Nur so lernen Sie daraus.

Training an Interessenten, bei denen es Ihnen egal ist: Ich weiß, was Sie jetzt denken: wie meint der Autor das? Ganz einfach. Sie machen Ihr Vorgespräch mit dem Interessenten. Sie merken, dass das mit diesem aus verschiedenen Gründen nichts wird. Es gibt ja Menschen, die zwar ewig nach einer Immobilie suchen, aber keine kaufen. Wenn Sie einen vollen Terminkalender haben, beenden Sie das Gespräch und vergessen Sie den Interessenten. Wenn Sie einen blütenweißen Terminkalender haben, nutzen Sie ihn zu Trainingszwecken. Als Dummy zum Üben! Bei einem, von dem Sie wissen, dass er nicht kauft, können Sie das machen. Hier können Sie ohne Gefahr testen, wie weit Sie gehen können.

Besuchen Sie unbedingt Seminare: Und wenn Sie sich nur in den Konferenzsaal hineinsetzen, sich berieseln lassen und den Tag genießen: Gewöhnen Sie sich an, mindestens einmal im Quartal ein Seminar zu besuchen.

10. Anders sein

Kennen Sie Lady Gaga? Na klar. Was denken Sie über sie? Sie ist verrückt? Vielleicht. Wobei: zerlegen Sie doch bitte mal das Wort verrückt: ver-rückt. Verrückt heißt also so viel wie nicht mit dabei, aus der Masse raus. Ist Lady Gaga anders als andere? Und wie! Sie alle kennen ihre Auftritte, ihre Kostüme und individuellen Outfits. Wissen Sie, was Lady Gaga über das Anderssein sagt? Hören Sie selbst: „Schon als Kind wusste ich, dass ich anders bin als andere. Mich interessierten andere Dinge. Ich beschäftigte mich mit anderen Sachen. Als ich älter wurde merkte ich, dass es kein Nachteil war, anders zu sein. Und so kam ich zu folgendem Schluss: Anderssein muss man nicht verstecken, man muss es betonen!"

In einer Münchner Tageszeitung wirbt immer ein Makler mit dem Slogan: Der Makler mit dem großen Hut. Zugegeben: das ist schon ein etwas merkwürdiges Alleinstellungsmerkmal für einen Immobilienmakler. Aber bei der Gelegenheit: was sagt das Wort merkwürdig aus? Etwas ist würdig es sich zu merken. Eines ist klar: den Mann vergisst man nicht. Wenn er gut ist, was ich nicht beurteilen kann, dann wird ihm sein großer Hut mehr nutzen als schaden.

Nicht eintauchen in die Masse, sondern den Kopf herausstrecken und auffallen. Das kann Ihnen einen wertvollen Vorsprung vor Ihren Mitbewerbern geben.

Als Immobilienmakler müssen Sie nicht das tun, was alle anderen machen. Sie müssen nicht einen VW Golf fahren, außer, Sie wollen es. Wenn Sie Lust auf einen Porsche haben, dann kaufen Sie sich einen! Das Leben ist zu kurz, um schlechtes Essen zu essen, in einem zu kleinen Büro zu sitzen oder ein Auto zu fahren, das Ihnen keinen Spaß macht.

Doch Vorsicht: wenn Sie ein Produkt guter deutscher Ingenieurskunst aus Zuffenhausen fahren und ein arroganter Mensch sind, brauchen Sie sich nicht wundern, wenn Sie keine Aufträge bekommen und nicht empfohlen werden. Wenn Sie aber gut sind und eine gute Dienstleistung bringen: Wer soll Ihnen dann Ihren Sportwagen übel nehmen?

Im Gegenteil. Ich bin kein Materialist. Aber so etwas kann ein Alleinstellungsmerkmal sein. Ich habe gerade vor einigen Wochen ein sehr gutes Geschäft mit einem großen, bayrischen Unternehmer gemacht. Er sagte bei der Auftragsunterzeichnung zu mir: „Bei Ihnen sieht man, dass Sie erfolgreich sind. Meine Immobilie ist bei Ihnen in guten Händen."

Glauben Sie, dass dieser Kunde versucht hat, wegen der Maklerprovision mit mir zu handeln? Mitnichten! Wenn Sie auftreten wie jemand, der seinen Beruf kann, erfolgreich ist und somit nicht am Hungertuch nagt, brauchen Sie nicht jeden Auftrag. Im Gegenteil. Sie strahlen folgendes durch ihre Körpersprache aus: Ich bin der Beste, den Du, lieber Kunde, für diese Dienstleistung bekommen kannst. Selbstverständlich hat das seinen Preis, und zwar 3 % + Mwst aus dem Verkaufserlös. Wenn Du bereit bist, das zu bezahlen gebe ich alles um Deine Immobilie bestmöglich zu verkaufen. Wenn nicht, dann soll den Job gefälligst ein anderer machen!

Also: Finden Sie heraus, was Sie von anderen abhebt. Arbeiten Sie diesen Punkt heraus und betonen Sie ihn!

11. Disziplin

Was sind die Garanten für Erfolg?

- Ein konkretes, klar terminiertes Ziel.
- Daran glauben, es erreichen zu können.
- Harte, ausdauernde, disziplinierte Arbeit!

Ich habe mit vielen erfolgreichen Menschen gesprochen und zwar nicht nur mit Unternehmern. Alle haben mir bestätigt, dass ohne hartes, diszipliniertes Arbeiten kein Erfolg dauerhaft möglich ist.

Kennen Sie Pater Anselm Grün? Der Mann ist Benediktinerpater. Ich habe vor vielen Jahren einen seiner vielen Vorträge zum Thema Wirtschaft und Ethik besucht und war begeistert von der Person und dessen Aura. Pater Grün wurde 1945 in der Nähe von München geboren. Er legte 1964 sein Abitur in Würzburg ab und trat noch im selben Jahr ins Noviziat der Benediktiner Abtei Münsterschwarzach ein. Von 1965 bis 1971 studierte er Philosophie und katholische Theologie. 1974 promovierte er zum Doktor der Theologie. Und jetzt das Erstaunliche: 1974 bis 1976 studierte der Ordensmann Betriebswirtschaftslehre in Nürnberg.

Pater Grün ist erfolgreicher Buchautor und hat etwa 200 (!) Werke veröffentlicht. Von 1977 bis 2013 war er als Cellerar der Abtei Münsterschwarzach verantwortlich für die wirtschaftliche Leitung der Abtei mit ihren insgesamt 20! (sorry - an dieser Stelle muss ich schon wieder ein ! setzen) Betrieben. Glauben Sie, dass dieser Mann hart und diszipliniert arbeitet!?Darauf können Sie Gift nehmen! Glauben Sie, dass der Erfolg, den Pater Grün durchaus hat, zu Lasten anderer ging? Bestimmt nicht. Ziel Pater Grüns war es nie, für sich große Besitztümer anzuhäufen.

Das mit der Disziplin ist so eine Sache. Anfangs ist die Motivation hoch. Man will etwas erreichen. Die ersten Erfolge kommen. Man ist jung, dynamisch und voll einsatzbereit. Da fällt es nicht schwer, morgens aufzustehen und sein

Tagwerk zu vollbringen. Doch irgendwann kommen die ersten Misserfolge. Und meistens ist es so, dass diese dann geballt daherkommen. Der Abschluss, an dem Sie wochenlang gearbeitet haben, platzt. Der Auftrag, in den Sie viel Arbeitszeit investiert haben, wird an einen Mitbewerber vergeben. Ein Mitarbeiter wird krank. Ihr Konto ist überzogen. Zu allem Überfluss geht auch noch Ihr Auto kaputt und Ihr Partner meckert, weil Sie zu wenig Zeit für Zweisamkeit haben.

Das ist der entscheidende Punkt. In diesen Phasen zeigt sich, wie es um Ihre Disziplin steht.

- Arbeiten Sie auch dann hart und konzentriert weiter, wenn es nicht gut läuft?
- Bereiten Sie sich auch in schlechten Phasen auf jeden Termin vor?
- Betreiben Sie auch in schlechten Phasen konsequente Akquise?

Sie alle kennen Thomas Alva Edison, den genialen Erfinder der Glühbirne. Was hat das mit Disziplin zu tun? Ganz einfach: Wissen Sie, wie viele Versuche Edison durchgeführt hat bis er seine Lampen mehrere Stunden zum Leuchten brachte? Was schätzen Sie, 100, 200 oder 500 Versuche? Nach wie vielen Versuchen hätten Sie gesagt: „In Ordnung, ich habe es wirklich mit allem Nachdruck versucht, aber es gibt keinen Faden, der sich als Glühfaden für eine elektrisch betriebene Glühbirne eignet."

Gott sei Dank dachte Edison nicht so. Als Edison am 1. November 1879 sein Basispatent Nr. 223.898 "Electrical Lamp" anmeldete, hatte er 2.000 Versuche mit unterschiedlichsten Materialen wie Platin oder Irdium hinter sich, bis der funktionierende Glühfaden aus verkohlten Bambusfasern gefunden war. Dieses irrwitzige Vorhaben brachte ihn fast in den Ruin. Wissen Sie, wie Edison die vielen Fehlversuche kommentiert hat? „Keiner dieser 2.000 Versuche war ein Misserfolg. Denn nun kennt man zumindest 2.000 Arten, wie ein Glühfaden nicht zum Leuchten gebracht werden kann."

Hier weitere berühmte Zitate des großen Erfinders:

"Erfolg hat nur der, der etwas tut, während er auf den Erfolg wartet."

"Die meisten Misserfolge kommen kurz vor dem Ziel."

"Die meisten Menschen verpassen die günstigste Gelegenheit, weil sie im Overall kommt und nach Arbeit aussieht."

Edison ist gelebte Disziplin. Er hatte ein Ziel, glaubte daran, es erreichen zu können und war diszipliniert genug alles zu tun um zum Erfolg zu kommen.

Oder ein weiteres gutes Beispiel: Henry Ford.

Ford wuchs in einer Kleinstadt westlich von Detroit mit fünf Geschwistern auf. Er konnte in der ländlichen Gegend nur die Dorfschule besuchen und erhielt die geringste Form der Bildung. Mit zwölf Jahren richtete er sich eine kleine Werkstatt ein. Im Alter von fünfzehn Jahren hatte er seinen ersten Verbrennungsmotor gebaut. Nach einer Lehre als Maschinist und nach seiner Heirat wurde er 1891 als Ingenieur bei der Edison Illuminating Company eingestellt.

Jahre später war er mit dem Firmengründer, Thomas Alva Edison freundschaftlich verbunden. Nach seiner Beförderung zum Chefingenieur 1883 hatte er genügend Zeit und Geld sich seinen Experimenten mit Verbrennungsmotoren zu widmen. Diese gipfelten 1886 in der Fertigstellung eines selbstangetriebenen Fahrzeugs. 1899 gründete er die Detroit Automobile Company, welche nach einigen Jahren insolvent wurde. Ford gründete 1903 mit elf weiteren Investoren die Ford Motor Company. 1908 brachte Ford das legendäre T-Modell, quasi das erste Volksauto der USA, auf den Markt.

Seine Anekdote über die Entwicklung des ersten 8-Zylinder-Motors ist legendär: kein Mensch, auch seine Ingenieure hielten es nicht für möglich, dass ein solcher Motor realisierbar sei. Ford wollte ihn aber.

Seine Projektgruppe urteilte lange, dass es unmöglich sei. Ford ließ sie jedes Mal weitermachen, bis eines Tages das Problem tatsächlich geknackt war. Auch Ford war ein Meister in Sachen Disziplin und verstand es, seinen enormen Willen und sein Durchhaltevermögen auf seine Mitarbeiter zu übertragen, die seinem Willen mehr oder weniger freiwillig folgten. Auch von Ford ein paar berühmte Zitate:

"Wenn ich die Menschen gefragt hätte was sie wollen, hätten sie gesagt: schnellere Pferde."

"Es gibt mehr Leute die kapitulieren als solche, die scheitern."

"Misserfolg ist lediglich eine Gelegenheit, mit neuen Ansichten noch einmal anzufangen."

"Unsere Fehlschläge sind oft erfolgreicher als unsere Erfolge."

12. Zielsetzung

Ein guter Freund von mir sagte mir einmal: „Ich setze mir keine Ziele. Ziele machen unfrei."

Meine Meinung dazu ist Folgende: Wer sich keine Ziele setzt, ist wie ein Blatt im Wind. Er wird zufällig in eine bestimmte Richtung getragen, je nach dem, aus welcher Richtung der Wind bläst. Wollen Sie das für sich? Wollen Sie andere darüber bestimmen lassen, wohin Ihr Weg geht?

Ich kann schon Ihre Frage hören: „Lieber Autor. Wollen Sie damit ernsthaft sagen, dass ich mir durch Zielsetzung selbst aussuchen kann, wohin ich will?"

Genau das meine ich!

Achten Sie bitte bei der Zielsetzung auf Folgendes:

Ihre Ziele müssen:

- klar terminiert,
- klar messbar,
- eindeutig definiert

sein.

Gleichzeitig müssen Sie

- eine klare Strategie entwickeln für das Erreichen Ihres Zieles,
- einen Zeitplan erstellen,
- Zwischenziele festlegen.

Nehmen wir Ihren Beruf. Wenn Sie bspw. keine oder zu wenig Aufträge haben: Setzen Sie sich als Ziel: Am 31.12.2017 verfüge ich über einen Bestand von fünfzehn qualifizierten Makler-Alleinaufträgen zum Verkauf von Immobilien zu einem marktgerechten Preis.

Dies ist ein klar messbares, eindeutig definiertes und terminiertes Ziel. Zum Erreichen dieses Zieles benötigen Sie eine Strategie und einen Aktionsplan für die Umsetzung. Dieser kann wie folgt aussehen:

- ✔ Jeden Tag mit mindestens fünf Immobilieneigentümern über deren Immobilie und einen möglichen Verkauf sprechen.
- ✔ Eine Nachfassliste (Terminordner) anlegen (oft wollen Eigentümer nicht sofort, aber vielleicht später verkaufen).
- ✔ Jeden Monat eine Aktivität im Vormarkt ausführen (siehe Kapitel 2. - Wie komme ich an Aufträge?).
- ✔ An jedem Montag das Internet und die Tagespresse nach neuen Immobilienanzeigen durchforsten, die Auftraggeber kontaktieren.
- ✔ Auftragsgespräche nur persönlich mit dem potentiellen Auftraggeber führen, egal wo dieser wohnt (Beispiel: nehmen wir an, der Eigentümer einer Villa in Ihrer Stadt lebt in New York. Sie vereinbaren einen Termin mit ihm, buchen sich einen Direktflug von Frankfurt nach New York und fliegen hin. Wie wollen Sie sonst Ihre hoch bezahlte Dienstleistung verkaufen, wenn Sie Ihre Persönlichkeit nicht einbringen können?).
- ✔ Wenn Sie sich für das Erreichen Ihres Ziels einen zeitlichen Vorlauf von sechs Monaten setzen, dann müssen Sie pro Monat im Schnitt 2,5 Aufträge erhalten.
- ✔ Wenn Sie Defizite bei sich im Bereich telefonischer Erstkontakt, im Auftreten oder beim Verkaufsgespräch bemerken, besuchen Sie pro Quartal mindestens ein Fachseminar, lesen Sie jeden Tag mindestens eine Stunde in einem entsprechenden Fachbuch, trainieren Sie dreimal pro Woche mindestens eine Stunde mit einem Videoseminar, veranstalten Sie einmal pro Woche mit einem Kollegen ein Rollenspiel.

Oje, das alles ist aber sehr mühsam. Wenn Sie diesen Aufgabenkatalog nicht gern erledigen, wenn Sie nicht Spaß und Freude an den einzelnen Schritten haben, wenn Sie keine Lust darauf haben, Neues auszuprobieren, was sicherstellt, dass Sie erfolgreich sein werden, sollten Sie den Beruf wechseln.

Es geht nicht darum dass Sie an jedem Montag freudestrahlend aus dem Bett springen und schreien: „Juhuu, heute darf ich fünf Privatverkäufer ansprechen und versuchen, diese von meiner Dienstleistung zu überzeugen.“ Natürlich gibt es Bereiche, welche Ihnen besser liegen, andere dafür weniger. Aber unter dem Strich müssen Sie Spaß an allem empfinden, sonst wird es nicht funktionieren. Und bei einem Verkäufermarkt, wie er im Jahr 2017 in allen Ballungszentren und Universitätsstädten in Deutschland vorherrscht, ist die Auftragsbeschaffung, der so genannte "Einkauf", die wichtigste Aktivität des Immobilienmaklers überhaupt.

Ich kenne Makler, die lassen ihren Azubi bei potentiellen Immobilienverkäufern anrufen. Was soll dabei herauskommen? Sind sich diese Herrschaften zu fein für die "Basisarbeit"? Ich persönlich sehe das so: Ich rufe bei Menschen an, die ein Problem haben, für das sie eine Lösung suchen: sie haben eine Immobilie, die verkauft werden soll. Ich führe ein nettes Gespräch, zunächst unabhängig davon, ob ich den Auftrag bekomme! Denn eines ist klar: unser Job als Immobilienmakler ist es nicht, unsere Maklerprovision zu verdienen, sondern eine Lösung für das Problem des Kunden zu finden!

Wenn Sie Dollar-Zeichen wie Dagobert Duck in den Augen haben, werden Sie nicht zum Ziel kommen. Orientieren Sie sich nie an der zu verdienenden Maklerprovision. Orientieren Sie sich immer daran, eine Lösung für das Problem des Kunden zu finden. Sie sind Dienstleister.

Letztens zum Beispiel habe ich den Verkauf eines Hauses etwa 25 km östlich meiner Heimatstadt abgewickelt. Die Verkäuferin stammte aus Köln. Das Haus der verstorbenen Mutter sollte verkauft werden. Der Verkaufspreis war realistisch mit ca. 70.000 Euro anzusetzen. Klar ist: es gibt Abschlüsse, die einem Makler mehr einbringen. Die Frau war zunächst bei einer örtlichen Bank bzw. deren Immobilienabteilung. Der dortige "Berater" hat die Übernahme des Maklerauftrages abgelehnt! Was soll man dazu sagen? So ein Verhalten gehört sich nicht. Mit dieser Einstellung hat man in unserem Beruf nichts, aber auch gar nichts zu suchen.

Natürlich macht es Spaß einen Auftrag im sechs- oder siebenstelligen Bereich erfolgreich abzuschließen, keine Frage. Aber wenn man den Blick auf das Wesentliche verliert wird es schwierig. Ich verbiete mir zum Beispiel vor dem Abschluss über die Höhe der zu verdienenden Maklerprovision nachzudenken. Natürlich kann auch ich Kopfrechnen. Wenn ein Haus 400.000 Euro kostet ist klar, dass der Verkäufer bei einer erfolgreichen Vermittlung 12.000 Euro plus Mwst zahlt. Aber ich verbiete mir den Gedanken daran.

Das Einzige was mich interessiert, ist es, den Auftrag zum Verkauf der Immobilie zum vermarktungsfähigen Preis zu erhalten. Das ist mein Ziel, sonst nichts. Selbstverständlich präsentiere ich mich dem Auftraggeber auf Augenhöhe.

Vor Wochen hatte ich ein eher sehr angespannt verlaufendes Auftragsgespräch. Der Verkäufer erklärte mir, dass die örtliche Bank, die vor mir den Verkaufsauftrag hatte, das Haus nicht verkaufen konnte, der Maklerauftrag nach sechs Monaten abgelaufen war und er mit der Bank eine Erfolgsprovision von 1,5 % + Mwst vereinbart hatte. Dazu kam, dass die Vorstellung des Verkäufers etwa 25 % über dem vermarktungsfähigen Preis lag.

Es gab keine Diskussion. Ich wurde nicht als gleichwertiger Partner akzeptiert, sondern als Bittsteller gesehen, der froh sein muss, wenn er den Auftrag erhält. Klar ist, dass man in einer solchen Situation auch nicht das Vertrauen des Auftraggebers genießt, sonst würde sich dieser anders verhalten. Es gab also hier nur eine mögliche Reaktion:

„Es tut mir leid, lieber Auftraggeber. Für 1,5 % Verkäuferprovision arbeiten wir nicht. Grundsätzlich übernehmen wir nur Makleraufträge, für die wir uns sowohl persönlich, aber auch von der Vermarktung her voll einbringen. Beides kostet Geld, viel Geld. Würden wir das aber nicht so machen, bringt Ihnen das als Auftraggeber nichts. Stellen Sie sich vor, Sie beauftragen einen Makler, der sagt: "Gut, ich habe den Auftrag nun erhalten. Ich lege das Exposé mal bei mir im Büro aus. Kommt einer, der die Immobilie kauft, ist es gut, kommt keiner, kann man auch nichts machen." So arbeiten wir nicht. Wir investieren ordentlich in die Vermarktung. Diese Investition wollen wir uns durch den Verkauf und die Maklerprovision zurückholen. Wenn diese auf den Verkaufserfolg ausgelegte Strategie nicht Ihre Vorstellung trifft, sind wir der falsche Ansprechpartner."

Die Chance, dass der Mann entweder sehr zeitnah oder nach einigen Wochen wieder anruft, ist sehr hoch. Wenn er das tut, hat sich eine vernünftige Gesprächsbasis ergeben. Wenn er nicht mehr anruft, so ist das nicht weiter schlimm, Sie kriegen ohnehin nicht alle, vergessen Sie das! Das müssen Sie auch nicht. Konzentrieren Sie sich auf die Auftraggeber, die Ihre Dienstleistung schätzen und mit denen Sie arbeiten wollen. Sie werden mehr Spaß an Ihrem Beruf haben und schonen vor allem Ihre Nerven.

13. Wie Sie mit Problemen umgehen sollten

Ich möchte Ihnen Nicholas James "Nick" Vujicic vorstellen. Nick, Jahrgang 1982, stammt aus Melbourne, Australien. Der junge Mann hat eine äußerst außergewöhnliche Aura und kann Menschen wie kein zweiter begeistern. In seiner Freizeit geht er vorzugsweise seinen Hobbys nach: er surft, er schwimmt, trifft sich gern mit Freunden. Er ist Buchautor und Redner. Im Jahr 2012 hat er seine hübsche Frau geheiratet.

Ja, nun gut ,werden Sie denken, ein beneidenswerter, junger Mann der auf der Sonnenseite des Lebens steht. Als ich diesen Mann zum ersten Mal reden hörte, war ich wie elektrisiert von ihm. Wenn Sie im Internet nach Videos von ihm suchen wissen Sie, was ich meine. Spricht er, so strahlt er so viel Freundlichkeit, Lebenslust und Freude aus wie sonst kein Mensch, den ich kenne.

Nick ist behindert. Gemäß der damals in Australien gültigen Gesetzgebung besuchte der Junge bei seiner Einschulung zunächst eine Schule für Behinderte. Die Eltern förderten ihren Sohn so gut es ging. Deren Ziel war es, so weit zu kommen, dass der Sohn trotz seiner Behinderung ein eigenständiges Leben führen kann. So schickte man den Nachwuchs nach einer Gesetzesänderung auf eine Regelschule. Nick war damals zehn Jahre alt. Doch dort wurde er von Mitschülern extrem gehänselt. Er wurde depressiv und versuchte sich das Leben zu nehmen. Als Jugendlicher litt er unter existenziellen Zukunftsängsten. Nach der Grundschule besuchte er die High School und erwarb anschließend Hochschulabschlüsse in Rechnungswesen und Finanzplanung.

Vujicic berichtet in Interviews und in Vorträgen, er habe in seinem Leben aufgrund seiner Behinderung lange Zeit keinen Sinn und keine Hoffnung für sich gesehen. Das habe sich erst geändert, als er seine Behinderung nicht mehr als Strafe, sondern als Herausforderung und Auftrag Gottes begriffen habe. Er habe den Sinn seines Lebens schließlich darin gefunden, Menschen von der Liebe Gottes zu berichten und sie darin zu bestärken, ihre Träume zu erfüllen.

Heute lebt Vujicic in Kalifornien und arbeitet international als Redner überwiegend in Schulen, Kirchen und bei christlichen Kongressen. Er thematisiert dabei das Leben mit Behinderung, Lebensmut und Hoffnung, und christlichen Glauben: „Vielleicht ist das meine Aufgabe, anderen Menschen Hoffnung zu geben.“ Am 12. Februar 2012 heiratete er seine Verlobte Kanae Miyahara. Am 13. Februar 2013 wurde ihr gemeinsamer Sohn Kiyoshi James Vujicic geboren. Am 7. August 2015 wurde ihr zweiter Sohn Dejan Levi Vujicic geboren.

Ach ja: er kann aufstehen, wenn er hingefallen ist!

Ich weiß, was Sie über den letzten Satz denken. Was soll daran besonders sein? Nun, im Fall von Nick Vujicic ist das etwas Besonderes. Er wurde ohne Arme und Beine geboren, lediglich mit einem Fuß mit zwei Zehen.

Als ich zum ersten Mal bei einem Seminar eine Videosequenz mit Nick sah, war ich tief gerührt. Nick sprach auf einer Veranstaltung und hatte die Zuhörer in seinem Bann. Er philosophierte über das Leben, machte Witze, spielte Drums mit seinem Fuß. Den Höhepunkt erreichte der Vortrag an der Stelle, an welcher Nick die Leute ermutigte, wieder aufzustehen wenn sie hinfallen. Was dann kam ist unbeschreiblich. Nick ließ sich hinfallen und stand mit einer bewundernswerten Technik wieder auf. Ich weiß noch genau, was ich in diesem Moment gefühlt habe.

Wenn Sie ein Problem haben, setzen Sie sich in eine ruhige Ecke und analysieren Sie es. Machen Sie sich ein Konzept für dessen Lösung:

- Ist es ein Problem, welches Sie die nächsten Wochen beschäftigt? Dann sollte sich das relativ leicht lösen lassen.
- Ist es eines, welches Sie in einem Jahr noch beschäftigt: dann hilft Ihnen eine Strategie, dem Herr zu werden.
- Haben Sie das Problem in fünf, zehn oder fünfzehn Jahren noch an der Backe? Erst dann ist es ein wirkliches Problem.

Erinnern Sie sich bitte hierbei an das Beispiel von Nick Vujicic. Erst als er seine Behinderung als Aufgabe ansah, änderte sich seine Einstellung und damit sein Leben.

Nehmen wir an, Sie haben als Makler zu wenige Abschlüsse. Sie können jetzt in Jammern und Schluchzen verfallen, aber davon bekommen Sie sicher nicht mehr Abschlüsse. Eine Lösung könnte wie folgt aussehen:

a) Mentale Stärke:
Schon die alten Griechen erkannten: ein gesunder Geist in einem gesunden Körper. Beschäftigen Sie sich mit Persönlichkeitsentwicklung. Lesen Sie Bücher. Besuchen Sie Seminare. Schauen Sie sich Videos an. Arbeiten Sie mit Ihrem Unterbewusstsein. Trainieren Sie regelmäßig.

b)Aussehen:
Achten Sie auf einwandfreie Arbeitskleidung! Herren: sauberer Anzug, keine grellen Farben, am besten dunkle Business-Anzüge, blaue oder weiße Hemden, Krawatte. Damen: Hosenanzug oder Kostüm. Dezent und gut sitzend, aber nicht zu sexy. Und vor allem: saubere Schuhe!

c)Interessieren Sie sich für Ihren Kunden:
... und beherzigen Sie vor allen Dingen das, was ich Ihnen im Kapitel "Erstgespräch" ans Herz gelegt habe.

Glauben Sie, dass der Erfolg mit dieser Vorgehensweise zu Ihnen zurückkommt? Bestimmt. Sie sind mental anders drauf. Sie sind in der Lage, das Gespräch zu führen. Sie können sich auf die Leute konzentrieren, die wirklich kaufen wollen. Alle anderen sortieren Sie aus. Sie können vorab in Ihrem Büro nach Analyse der kaufentscheidenden Motive des Interessenten die passende Immobilie vorstellen. Sie als Profi haben ihr Auftragsobjekt aufgearbeitet. Sie verfügen über einwandfreies Plan- sowie Foto- und Videomaterial. Dies erlaubt es Ihnen, die Immobilie virtuell "am grünen Tisch" zu besichtigen. Nirgendwo besser können Sie kleine Nachteile, die jede Immobilie hat, verkaufen und Kompromissfähigkeit herstellen.

Was soll nach dieser Vorbereitung schief gehen?

Das Leben geht oft seltsame Wege und gibt uns Prüfungen auf, die wir als übermenschlich und fast nicht durchführbar empfinden. Aber glauben Sie mir, der liebe Gott schickt Ihnen kein Problem, von dem er nicht weiß, dass Sie es lösen können. Es kann allerdings sein, dass Sie sich für die Lösung etwas anstrengen müssen.

Ziehen Sie sich zurück. Machen Sie sich ein Konzept. Sprechen Sie mit Freunden und Bekannten (aber nur mit solchen, die Sie unterstützen und Ihnen helfen. "Freunde", die Sie zusätzlich runterziehen nach dem Motto "Ich habe Dir ja gleich gesagt, dass das nicht funktioniert" sollten Sie ignorieren). Finden Sie heraus, ob jemand ein ähnliches Problem hatte und eine Lösung gefunden hat. Sie finden eine Lösung, ich weiß es. Analysieren Sie das Problem, machen Sie sich ein Lösungskonzept und glauben Sie daran, dass Sie es schaffen können. Dann gelingt es. Und mit jedem gelösten Problem wachsen Sie als Mensch.

14. Suchen Sie sich Arbeit

Facebook, Twitter, Youtube etc. Sie kennen das sicher: Sie sitzen am Schreibtisch und machen den Computer an. Sie haben einen Internet Browser, der beim Öffnen ständig die neuesten (Schreckens-) Meldungen zeigt. Natürlich interessiert Sie, ob Justin Bieber wieder in eine Rauferei verwickelt war (bei der er natürlich wieder den Kürzeren gezogen hat) und schon hängen Sie eine Stunde im Internet fest, um die neuesten Meldungen zu lesen. Man muss ja up to date sein. Oder Ihr Handy: sendet Ihnen Facebook push Mitteilungen? Ihre Freundin fragt Sie per Messenger, was Sie am Abend machen. Und schon entwickelt sich ein lebhaftes Geschreibe.

Was ist einer der wesentlichen Faktoren für den Erfolg - erinnern Sie sich? Konzentration auf das Wesentliche! Und wie wollen Sie konzentriert arbeiten, wenn Sie ständig abgelenkt sind?

Folgende Tipps möchte ich Ihnen geben:

- Brauchen Sie Ihr Handy am Arbeitsplatz? Wenn nicht, schalten Sie es aus.
- Wenn Sie es brauchen, schaffen Sie sich zwei an, eines für private Gespräche, eines für berufliche.
- Kein Facebook während der Arbeit (es sei denn, Sie haben für Ihr Unternehmen eine Facebookseite aufgebaut).
- Bringt Ihr Internet Browser ständig die neusten Meldungen? Deaktivieren Sie diese Funktion.

Wenn Sie das machen, werden Sie eines merken: plötzlich macht Ihnen die Arbeit mehr Spaß!

15. Bringen Sie Ihr Unternehmen zum Laufen

Stellen Sie sich vor, Sie sind Diskothekenbesitzer und fangen neu an oder Ihre bestehende Diskothek hat eine Flaute. Wie bringen Sie Schwung hinein? Ganz einfach: Sind Mädels da, kommen die Jungs! Und wie schaffen Sie es, dass sich das weibliche Geschlecht für Ihren Laden interessiert? Lassen Sie sich etwas einfallen! Machen Sie Aktionen, z. B. eine Ladies-Night-Aktion die Woche, Getränkegutscheine für Damen, spezielle Events für Damen usw. Sie müssen ja nicht gleich die Chippendales verpflichten, aber Ihnen ist klar, was gemeint ist. Und wie können Sie das auf Ihre Tätigkeit als Makler übertragen?

Haben Sie genug Aufträge, so kommen die Käufer!

Nicht herumsitzen und jammern. Lassen Sie sich etwas einfallen. Nehmen Sie sich das Kapitel zur Auftragsakquise zur Hand. Führen Sie die beschriebenen Aktionen durch. Machen Sie sich bekannt in Ihrer Gegend.

Haben Sie Zeit? Dann verteilen Sie Flyer (ja, Sie selbst!). So kommen Sie mit den Menschen ins Gespräch und hören, wer vielleicht verkauft. Sie finden gleichzeitig heraus, wer vielleicht nicht jetzt, aber dafür in einigen Jahren verkaufen möchte. Veranstalten Sie Informationsveranstaltungen. Bieten Sie Ihre Dienste den regionalen Medien an. Machen Sie einen Informationsstand im örtlichen Supermarkt. Es gibt viele Möglichkeiten, auf sich aufmerksam zu machen. Aber nur wenn Sie der potentielle Verkäufer wahrnimmt, wird er Ihnen den Auftrag erteilen. Und nichts, absolut nichts ersetzt das persönliche Gespräch.

Warum sollte jemand, mit dem Sie sprechen und der ein Haus verkaufen möchte, einen anderen Makler beauftragen, wenn er Sie sympathisch findet? Aber berücksichtigen Sie vor allem auch bei diesen Erstgesprächen, ‚dass Sie ernsthaft an der Lösung des Problems des Gesprächspartners interessiert sind. Der Kunde ist sensibel genug zu merken, wenn Sie ausschließlich der Provision willen tätig sind. Erfolg buchstabiert man: **T – U – N**

Tun! Also los, werden Sie aktiv!

Halten Sie, gerade am Anfang, Ihre Fixkosten niedrig. Es muss nicht gleich ein neuer 5er BMW sein, ein gebrauchter 3er tut es auch. Sie brauchen nicht gleich ein Büro in der Maximilianstrasse in München. Je weniger Fixkosten Sie haben, desto weniger „müssen“ Sie an Provision verdienen und desto mehr Zeit haben Sie, um sich um die Bedürfnisse und Anliegen Ihrer Auftraggeber zu kümmern. Das wird den gewünschten Erfolg bringen – verlassen Sie sich drauf!

Zum Schluss

Nicht jeder wird Astronaut, Profifußballer oder Bundeskanzler. Entscheidend für die Berufswahl sind die vorhandenen Talente. Und man kann nur gut in etwas sein, was einem Freude macht.

So ist auch nicht jeder für den Beruf des Immobilienmaklers geeignet. Dazu muss man ein kommunikativer Mensch sein, der gern auf Menschen zugeht. Man braucht Fleiss, Disziplin, Durchhaltevermögen, Führungskraft, Durchsetzungsvermögen, Ausdauer, gute Fähigkeiten im Krisenmanagement, gutes Auftreten, eine gepflegte Erscheinung, gute Rhetorik und die Bereitschaft mehr zu machen als andere, gerade in der Anfangszeit Ihres Berufslebens.

Mir hat mein „Traumberuf Immobilienmakler" alles gegeben: Erfolg, Glück, Zufriedenheit, ein selbstbestimmte Leben mit freier Zeiteinteilung und vor allem das Gefühl, für meine Kunden ein guter Dienstleister zu sein, dessen Rat geschätzt wird. Wie heißt es in der Eurocard-Werbung: es gibt Dinge, die kann man sich nicht kaufen. Ich bin froh und glücklich, diesen Beruf ausüben zu dürfen.

Ich wünsche Ihnen von ganzem Herzen alles Glück, allen Erfolg und Gesundheit. Sehen Sie dieses Buch als eine Anleitung. Auch wenn Sie ein „alter Hase" sind, so verlassen Sie eingetretene Pfade, nehmen Sie die Scheuklappen ab und machen Sie Dinge anders oder noch besser. Sie werden schnell merken, wie viel Spaß Ihnen das bereitet.

Herzlichst
Ihr
Günter Resch

Erfolgreich selbstständig in der Immobilienbranche

Die Immobilienbranche boomt. Und immer mehr Menschen wollen ihre eigene Chefin oder ihr eigener Chef sein und sich selbstständig machen. Weshalb also nicht in der prosperierenden Immobilienwirtschaft die eigene Existenz gründen? Zum Beispiel als Makler oder Hausverwalter. Der finanzielle Aufwand für den Einstieg ist überschaubar, und wer genügend Engagement einbringt, kann überdurchschnittlich gut verdienen.

Allerdings gibt es viele Fallstricke zu beachten, damit der Traum von der Selbstständigkeit nicht zum Albtraum wird. Welche Voraussetzungen muss man mitbringen, was verlangt der Gesetzgeber, welche Erfolgsgeheimnisse erfahrener Makler und Hausverwalter sollte man unbedingt kennen? Und nicht zuletzt: Welche Konkurrenz erwächst einem Makler aus dem Internet?

Diese und viele weitere Fragen beantwortet der Publizist und langjährige Immobilien-Fachjournalist Michael Brückner in seiner Neuerscheinung "Erfolgreich selbstständig in der Immobilienbranche". Brückner, der selbst im Jahr 1995 ein eigenes Unternehmen für Kommunikation und Journalismus gründete, nimmt dabei kein Blatt vor den Mund und sagt ganz offen, welche Voraussetzungen unverzichtbar sind für eine erfolgreiche Unternehmensgründung.

Vor allem aber erhalten die Leser jede Menge Tipps, Fallbeispiele und praxisbewährte Checklisten für den Erfolg als Makler und Hausverwalter. Zahlreiche Musterbriefe und -verträge stehen zur Verfügung und können sofort eingesetzt werden. Besonders hilfreich sind die Tipps, die der gelernte Redakteur Michael Brückner den Lesern dieses Ratgebers für die effiziente Pressearbeit und Werbung gibt. Er plaudert aus dem "Nähkästchen" - und der angehende Makler oder Hausverwalter profitiert sofort davon. Das alles vermittelt Brückner in präganter Form auf knapp 140 Seiten.

Made in United States
Orlando, FL
04 November 2026

90204699R00069